青椒肉絲の絲、麻婆豆腐の麻

中国語の口福

新井一二三

筑摩書房

青椒肉絲の絲、麻婆豆腐の麻

中国語の口福

はじめに

中国語圏は中国料理圏です。
中国、台湾、シンガポール、マレーシアの華人コミュニティ、世界各地のチャイナタウン……。中国語が話されている場所では、例外なく中国料理が作られ、食べられています。日本は地理的、歴史的に中国文明の周縁部に位置してきました。漢字や箸はその置き土産。類似した位置にある朝鮮半島やベトナムでは、漢字使用が衰退しても、箸で食べる食文化は生きのびています。

ひとつの文化は言語によって定義され、食はまた文化の中心を占めるもの。中国料理と中国語は切り離すことができません。本書は著者がおよそ四十年にわたり、北京、広州、香港、台湾、シンガポール、マレーシア、トロント・チャイナタウンなどで中国語メディアの仕事に携わりつつ、目にし、耳にし、口にした中国料理をめぐる小さなエピソードの数々を、主に言語や文化の観点から記したものです。

中国料理圏はヨーロッパより広く、人口も多いため、地域ごとにバラエティーがあり、また時とともに急速に変化を遂げている部分もあります。それでも、数千年の歴史を持つ漢字文明が背景にあることから、変わらない本質も確かに存在し、それは言語や文化と相似形をなしているようです。

本書を通じて、読者のみなさんが、中国料理について新たな知識を獲得し、今まで以上に深く、その旨味を楽しまれることが著者の願いです。さあ、めしあがれ！

目次

第一章　青椒肉絲の絲

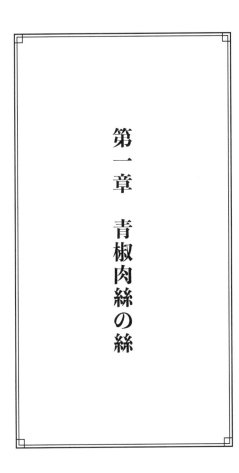

青椒肉絲の絲

みなさまお馴染みの青椒肉絲（チンジャオロース）。青椒はピーマン、肉絲は豚肉のせん切りという意味ですから、材料そのままの単純な命名です。腰果鶏丁（ヤオグオジーディン）がカシューナッツと鶏肉賽（さい）の目（め）切り（鶏丁）を指すのと同様で、中国料理の命名法中、最もわかりやすいタイプだと言えるでしょう。ちなみにカシューナッツが腰果と呼ばれるのは、その形状から。そして材料の取り合わせはシンプルを旨とするため、本場の青椒肉絲に筍（たけのこ）が入ることは通常ありません。

では、いったいなぜピーマンは青椒と、豚肉のせん切りは肉絲と呼ばれるのでしょうか。

青は中国語でも日本語と同様、本来は空の色を指すことばでありながら、現在の色名に当てはめると、緑や黒など草木の色合いも含み得るものです。一方、椒の字はというと、もともと花椒（かしょう）（熟した山椒の果皮）が舌にもたらすピリピリ感を指しましたが、そこから転じて、胡椒（こしょう）や唐辛子（中国語では辣椒（ラージャオ））など、さまざまな香辛料の名称に使われるようになりました。

ピーマンは南米原産の辛い実が、各地に伝播するあいだに、野菜として食べられるよう品種改良されたもので、中国語名としては、色からつけた青椒以外に、形からとった灯籠（ドンロン）（ちょうちん）椒（ジャオ）や柿椒（スージャオ）、さらに甘いという意味の甜（ティエン）を頭につけた甜椒（ティエンジャオ）という呼び方もあり、オレンジ色や黄色で実が厚く甘みの強いパプリカは、甜椒と呼ばれることが多いようです。

そして肉絲（ロース）。

中国語では、単に肉といえば豚肉を指すのが普通です。牛の場合は牛肉、羊なら羊肉と呼ぶところ、豚肉についてだけは単独で肉と呼ぶのです。また中国料理における、その重要な地位から、豚肉は大肉（ダーロー）と呼ばれることもあります。

せん切りを指す絲という漢字は、糸の旧字体ですが、ただの糸ではありません。これは絹糸の意味なのです。木綿や麻、羊毛などから作られた糸であれば、中国語では線（シエン）となり、それぞれ綿線（ミエンシエン）、麻線（マーシエン）、毛線（マオシエン）と呼んで区別しますが、絲の字を使うことはありません。絹糸は格段に地位が高いのです。

蚕（かいこ）の繭（まゆ）から絹糸を作り、布に織り上げる技術は、中国で紀元前三千年ごろに始まったといわれます。長い間、他国に生産技術が伝わらなかったため、エキゾチックな東方からヨーロッパまで遠路運ばれて行ったその道を、後にシルクロード（絲路（スールウ））と呼ぶようになりました。日本では第二次大戦で途絶えた日中の国交が再開してすぐの一九八〇年に、ＮＨ

Kでまさに「シルクロード」と題したドキュメンタリー番組が連続放映されて、喜多郎によるテーマ曲ともども大ブームになったことがありました。

青椒肉絲を「ピーマンと豚肉のせん切り炒め」と訳すことは、直接的な意味としては間違いではありませんが、肉絲という語が喚起するイメージを完全に伝えているとは言えません。肉絲はあくまでも豚肉の絹糸切りであり、その繊細な絲が油をまとい絹のように輝く姿が明確にイメージされているのです。

絹糸は輝き、美しい。これは紀元前から現在まで、中国語が代々伝え続けているイメージです。中国語で、「美しい」を意味する形容詞は「漂亮（ピアオリアン）」。この語は歴史上最初の部首別漢字辞典とされる『説文解字（せつもんかいじ）』（西暦一〇〇年）にも登場する古いことばですが、その意味するところは「絹の色」、なかでも「水中にある絹が光を反射したさま」なのです。そのために、さんずいの「漂」（＝水にさらす、漂白する）という字のあとに、明るさを示す「亮」の字が置かれています。

光輝くさまを美しく感じ、「漂亮」と呼ぶ。具体的、感覚的なものに抽象性をまとわせる。そこに中国語の魔法が存在するように思われます。水にさらした絹糸の輝きに美しさを見出す、その心の動きは、人をして、恋を知った日のことを思い出させるのではないでしょうか。人混みの中にあって、どうして彼が、彼女がいる場所だけがきらきらと輝いて見えるのか。その不思議さに打たれたことのある人は少なくないでしょう。水の中の絹糸が日光を受けてきらめいて見えた時、物理的な事象と、見る人の心の動きが結びつき、古代の中国人は美を発見して、「漂亮」ということばを後世に残したのです（ちなみに日本語の「面白い」ということばも、一説によれば、目の前が明るく、白っぽく見えるということから、楽しい、心地よいの意味を持つようになったというので、共通する部分があるようです）。

青椒肉絲の絲は絹の糸です。丁寧に細く細く、同じ幅に切られた豚肉が、中華鍋の中で油をまとい、皿の上できらきら光る。その視覚的イメージが持てて初めて、この料理名が本当に理解できたと言えるでしょう。

肉末、肉丁、肉片、肉塊

前項では青椒肉絲の意味を説明しました。本項では、つづけて肉などの切り方とその名称について、説明してみましょう。中国料理は昔々より規格が決まっているといいますか、日本語のように「食べやすい大きさに切る」など漠然とした表現はしません。なにしろ、紀元前六世紀生まれの孔子が『論語』の中で「割不正、不食（切り方が間違っていたら、食べない）」とはっきり言い残しているほどです。豚肉の場合、肉末（ローモー）、肉絲（ロース）、肉丁（ローディン）、肉片（ローピエン）、肉塊（ロークワイ）（肉块）など、切ったものの大きさと形状で名称が決まっています。漢字が数式のように組み合わさって、熟語を形成する様子が目に見えますね。

一番小さいのは肉末（ローモー）。日本では挽肉ということになりますが、中国ではしばしば、家庭で包丁を使い、かたまり肉から切っています。手のひらほどの大きさの肉に、まずは包丁で斜めに切れ目を入れていきます。最初は包丁がまな板に当たるまで切ってしまわず、表裏とも表面にだけ切れ目を対角線でダイヤ型に入れます。そのあと端から細切りにし、最後は九十度回転させて叩いていく、という手順です。出来上がった肉末は、日本でいう麻婆春雨（中国語では螞蟻上樹（マアイシャンシュウ）＝アリの木登り）に使ったり、刻んだ漬物と炒めてご飯にかけて食べたり、炸醤麺（ジャージャンミエン）の肉味噌に使ったりします。

次の肉丁（ローディン）は賽の目切りの豚肉のこと。丁の字は干支（えと）を示すために用いる甲乙丙丁の四番目で、数字四の代名詞であることから、四角形、立方体を指すようになったようです。豚肉以外にも、鶏丁（ジーディン）といえば賽の目切りの鶏肉、黄瓜丁（ホワングワディン）といえば賽の目切りのキュウリ、土豆丁（トウドウディン）といえば賽の目切りのジャガイモのことです。肉丁入りの料理としては、ピーナッツと一緒に炒め、唐辛子を効かせた、甘辛酸っぱい四川料理の宮保肉丁（ゴンバオローディン）が有名ですが、ほかにもネギ、生姜（しょうが）、醤油、砂糖に五香粉（ウーシャンフェン）を加えて煮あげた五香肉丁（ウーシャンローディン）など多くの定番があります。青椒肉絲の場合と同様、異なる材料を同じ大きさに切り揃えるのが中国料理の基本なので、この場合はピーナッツと同じくらいの大きさに肉を切るといいでしょう。ところで、日本語の賽の目切り。賽の目はサイコロの目のことですので、念の為。

その次は肉片（ローピエン）。薄切りにした豚肉のことです。片の字はもともと木片を指し、平らで薄いものについて使われます。日本語では「片一方（かたいっぽう）」の意味でも用いられますが、中国語で片鴨（ピエンヤー）といえば薄切りにされた鴨肉のことで、半身のダックではありません。魚肉であれば魚片（ユィピエン）、鶏肉であれば鶏片（ジーピエン）、牛肉であれば牛肉片（ニウローピエン）です。肉片は中国料理食材の中で最も一般的と言えるもので、料理の種類は星の数ほどもあります。酢豚のように揚げて甘酢をからめたり（糖醋肉片（タンツウロービエン））、ジャガイモと煮たり（土豆焼肉片（トゥドウシャオロービエン））、椎茸（しいたけ）と炒めてあんをかけたり（香菇滑肉片（シャングーホワロービエン））、クミンを効かせたり（孜然炒肉片（ズーランチャオロービエン））、ピーマンと炒めたり（青椒肉片（チンジャオロービエン））。えっ、ピーマンと炒めるのは青椒肉絲じゃないの？　と思うかもしれませんが、肉を大きく切ったほうが食べでがあると感じる人は、ピーマンも大きめに切って、どうぞ一緒に炒めてください。

　肉片料理でおすすめは、炒り卵、キクラゲ、青菜少々と炒める木樨（ムーシー）（木須（ムーシュイ）とも）肉片（ロービエン）です。金木犀（きんもくせい）に喩（たと）えられた名称のとおり、彩りが綺麗なほか、キクラゲの歯触りも独特で、ご馳走感があります。薄切りにした豚肉に塩、酒、片栗粉（かたくりこ）をまぶし、温度低めの油で八分ほど火を通しておきます。キクラゲは洗って、硬い部分を除いたら、よく水分をぬぐいさること。油の温度が低いうちからキクラゲを炒め始め、弾けて爆発音がする前に一度火を止め、取り出しておきましょう。最後に熱した中華鍋に、油、ネギ、肉片、調味料（塩、砂糖、醤油）、炒り卵、キクラゲの順に投入し、混ぜ合わせたら出来上がりです。

　そして肉塊（ロークワイ）（肉块）。これは日本でカレー・シチュー用と呼ばれるサイズよりも一回り大きめです。中国の家庭料理で最も有名な一品といえば紅焼肉（ホンシャオロー）。日本でいえば肉じゃがなみの普及度です。なぜ日本の家庭まで伝わらなかったかは謎というしかありません。赤身と脂身が層をなす豚バラ肉の塊を購入、一辺三センチの立方体に切り分けます。鍋に水とともに入れて沸騰させ、あくを取ったら、一度引きあげます。次に鍋に油を少量熱し、今度は肉塊を炒めて、油を出します。鍋底に残った油はラードなので、取り置いて、別の炒め物に使ってください。ここまでで準備が完了です。鍋に新しい油を入れ、氷砂糖（なければ普通の砂糖でも）をひとつかみ投入し、溶かしてカラメルを作ります。溶けたら肉塊を入れてカラメルをまとわせ、酒を掛け回し、熱湯を肉がすっかりかぶるまで注ぎ入れます。そこへネギ、生姜、八角（はっかく）、桂皮（けいひ）（以上嫌いな方は省略して可）、醤油を入れます。蓋（ふた）をして四十分から一時間。最後は蓋を取って、煮汁を蒸発させてください。

ところで肉を切るのに使う「包丁」が、古代中国で料理人を指す言葉だったことはご存じですか。紀元前の思想家荘子（そうし）は、庖丁（パオディン）と呼ばれた料理人が、一本の刃物で一頭の大きな牛を難なくさばいてみせた事例から、「経験を積み、高い技術を身につければ、物事は難なくスムーズに進むものだ」という理屈を「庖丁解牛」の四字に込めたのです。不思議なことに、日本では今日まで使われ続けている包丁（本来は庖丁）という名詞、中国では知る人も少なく、古典の教科書以外で見かけることはほぼないのだそうです（中国では包丁は菜刀（ツァイダオ）と言います）。

麻婆豆腐の麻

日本で豚の角煮と呼ばれる料理を中国では東坡肉（トンポーロー）といい、有名な伝説によれば、北宋時代の有名詩人蘇東坡（スートンポー）（蘇軾（そしょく））がその発明者だといわれています。そのような有名人ではなく、まったく無名の人が発明者だとされ、その名を残している料理として、四川省成都を発祥の地とする麻婆豆腐（マーポードウフ）を挙げることができます。

清の同治年間（一八六二年〜）、成都は万福橋のたもとに、運送業者を主たる客筋とする陳興盛飯舗という料理屋があり、陳姓の主人が亡くなったあとに店を継いだ妻は、顔に伝染病の結果生じたあばたがあったことから、人々に陳麻婆（チェンマーポー）（麻はあばた、顔に残ったぶつぶつの意）とあだ名されていたそうです。彼女の得意料理が豆腐を用いた辛い煮物で、大人気を博したため、後には店自体も陳麻婆豆腐（チェンマーポードウフ）と呼ばれるようになったといいます。

一九八〇年代、私が留学した頃の中国は、まだ改革開放政策が始まったばかりで、社会主義の雰囲気が残り、食堂やレストランも国営の店がほとんどでした。成都は美食の都として知られていましたが、名物の担々麺を供するのは国営の担々麺店一軒だけ、しかもそれは間口の狭いとても小さな店舗だったのです。その店先で供される担々麺が、広い中国にあって、この店でしか食べられない絶品。ついつい一杯食べ終えると、行列に並び直して、もう一杯食べたくなってしまうほどでした。そんな時代にあっても、陳麻婆豆腐は個人名を冠した店名を看板に掲げ続けていて、店の規模もかなり大きく、人々は大汗をかきながら、大きな丼に盛られた麻婆豆腐を食べていたものです。

今では想像もできませんが、社会主義時代の中国にはまったく商売っ気というものがなく、本場の担々麺も麻婆豆腐も、わざわざ成都まで行かなければ食べられなかったのです。物流も交通手段も限られ、そもそも国全体に稼いで豊かになろうという意思が不在でした。そんな意思は腐敗した資本主義的なものだと思われていたのです。そのため、人一倍食い意地の張っていた私は、北京や広州の留学先から、わざわざ何日もかけて、内陸の四川省成都まで、繰り返し担々麺や麻婆豆腐を食べに赴(おもむ)いたのでした。

一度はチベットのラサから飛行機で成都に入りましたが、高度を落とすにつれ、緑豊かな成都の町のあちらこちらに真っ赤な唐辛子が干されている様子が目に入りました。緑の地に赤い模様の映える様子は、大変印象的で、今も脳裏に焼きついています。

そのようにして成都に入り、さっそく真っ赤な唐辛子に染まった名物を食べるわけですが、地元の人たちとは違い、普段から食べつけていないせいで、まる二日ほども辛い料理を食べ続けると、鏡に映る自分自身、まるで麻婆豆腐の発明者のごとく、顔にたくさんのぶつぶつができているのでした。

麻婆豆腐というネーミングが面白いのは、中国語で麻という文字の表す意味が複数あることにも関係しています。

麻は第一義的には植物の麻を指しますが、胡麻の麻でもあって、たとえばごま油のことを中国語では麻油（マーヨウ）と呼びます。そして、顔にぶつぶつのある人を麻子（マーズ）と呼ぶのは、おそらくぶつぶつが胡麻に似ているためであろうと思われます。日本語ではしかを麻疹というのも、全身に小さなぶつぶつが広がる病気だからです。

麻は他にも、麻痺の麻に見られるように、痺（しび）れるという意味で使われることがあり、麻婆豆腐を代表とする四川料理の特徴は、辛さが唐辛子だけによらず、痺れるような感覚をもたらす花椒（ホワジャオ）を多用することにあります。唐辛子の辛さは辣（ラー）、そうラー油のラーです。それに対し、花椒の辛さは麻（マー）。二つ合わせて麻辣（マーラー）と呼ばれます。

というわけで、麻婆豆腐の麻は、第一に、出来上がりの際にふる花椒がもたらすピリピリ感。第二に、本場で使われる牛肉の挽肉や、半分つぶした花椒の姿が見るものにあばた面を連想させ、そういえば創業者があばた面の女性だったためにつけられた料理名が麻婆豆腐だった、と思い至るのです。そして成都での滞在が二、三日を超え、鏡に映る自分の顔に、いつの間にか吹き出物が目立つようになると、麻子が麻婆豆腐を食べる、共食い状態に陥ります。

ところで、麻婆の婆という字に引っかかるむきもあろうかと思いますが、中国語の婆は必ずしも年老いた女性を指しません。若い夫婦であっても、妻が夫を老公（ラオゴン）と呼ぶのに対し、夫が妻を老婆（ラオポー）と呼ぶことが珍しくないのです。香港には老婆餅（ラオポービン）という名の有名な焼き菓子すらあって、商品名は「愛妻のケーキ」という意味。したがって、陳麻婆は、「陳家のあばたのおかみ」というニュアンスとなります。もちろん、今日、他人の容貌についてコメントするのはルール違反ですが、本来の意図は決して高齢女性を貶（おとし）める表現ではないのでご安心ください。

ピータンのタン

ピータンをご存じですか。粘土に灰などのアルカリ性物質、塩や茶葉を加えて漬け床を作り、アヒルの生卵を殻ごと埋めて熟成させる保存食です。以前は籾殻（もみがら）をまぶした状態で売られていましたが、最近では中国でも土をきれいに洗い落とし、パック詰めにしてスーパーの棚に並べられるようになりました。中国では明代にさかのぼり、五百年以上の歴史を持つ伝統食品です。

生野菜の糠（ぬか）漬けや、生肉の塩漬けを風干しあるいは低温燻製（くんせい）して作る生ハムなど、世界各地に発酵食品、保存食は数々ありますが、生卵を利用したものは珍しく、日本人など外国人は最初驚くのが普通です。英語ではcentury egg（世紀卵）やthousand-year egg（千年卵）と呼ばれたりもしますが、実際には数週間から数か月で完成します。

ピータンを買ってきたら、殻を剥（む）いて包丁で放射線状に切り、針生姜に酢醤油などのタレを添えて食べます。卵白の部分はコーヒー色に透き通って硬いゼリーのような弾力を持ち、卵黄の部分は深緑、紫、黒など複雑な色彩を呈（てい）しつつ、中央部は固まらずにとろっとしているのが上物です。ピータンのピーは硬いコーヒーゼリーのようになった卵白のことで、漢字で書けば皮。そこに松の葉のような模様が浮き出ると松花蛋（ソンホワダン）と呼ばれます。松花は松模様、蛋は卵のことで、ピータンの美名です。

ピータンは漢字で書くと皮蛋（ピーダン）。中国料理では単独あるいは塩漬け卵と合わせ、前菜として食べるほか、豚肉と一緒にお粥の具にしたり、炒めものに入れたりもします。

中国語と日本語は、同じ漢字を使う単語がたくさんある反面、相互に意味がずれる場合もあります。蛋白質の蛋が卵の意味だというよりも、タンパク質とはそもそも「卵白質」のことなのです。

蛋は卵、鶏蛋は鶏卵を指すので、卵チャーハンは鶏蛋炒飯（ジーダンチャオファン）、卵スープは蛋花湯（ダンホワタン）となります（卵スープを作るには、スープに水溶き片栗粉でとろみをつけたところに、ごま油を数滴落とし、最後に溶き卵を静かに流し入れると、薄衣のように美しく広がります）。中国語圏では大人も子どもも大好きなトマトと卵の炒め物は西紅柿（シーホンス）（トマトのこと）炒蛋（チャオダン）です。

では、蛋の字が卵を指すならば、卵（ルワン）の字は何を指すのでしょうか。

卵の字は、日本語同様に卵を指すこともあるものの、むしろ卵子や卵細胞などを指すことのほうが多いのです。それは、もともとこの字が、水中に産み落とされた魚の卵を意味したため、柔らかいイメージを持つことと関係していそうです。

そして、注意事項として挙げなければならないのは、蛋にせよ卵にせよ、本来的に生殖に関する語であるために、しばしば下ネタ、あるいはそこから転じて罵（ののし）り言葉として使われるということです。

特に蛋の字は、蛋蛋と二つつなげると、はっきり睾丸の意味になり、壊蛋（ホワイダン）といえば悪者を、笨蛋（ベンダン）といえば馬鹿者を指します。

最強のカードは王八蛋（ワンバーダン）で、これは口から出た途端、喧嘩を売ったと解釈され、相手からパンチを食らわされる可能性すらあります。それは壊蛋や笨蛋とやや異なり、王八蛋ははっきりと王八（ワンバー）すなわちスッポンの睾丸（こうがん）を指しているためです。古代の中国では、スッポンの雄には生殖能力がなく、雌が蛇と交尾して子どもを産むと考えられていたため、雄のスッポンに喩えることは男性に対する侮蔑なのです。昔は娼婦のヒモや娼館の亭主も王八と呼んだようですが、それも同じロジックから導き出されたものです。王八の解釈として、本来は忘八と書かれ、儒教における八つの徳を忘れた者の意であるという言い方もあります。けれども、中国語の世界で、スッポンや亀（俗に「緑帽子（リュイマオズ）」といえば妻を寝取られた男＝コキュの意）が登場する頻度を考えると、それはやっぱりスッポンでしょうと考えるのが自然です。

日本語との関係でもう一つ指摘しておきたいのは、卵を玉子と書くのは、日本語独特の表記だということです。日本語では、玉と球が同音で、意味も相通じていますが、中国語の玉には玉石の玉の意味しかありません。そのため、玉子と書くと、中国語的には宝石のイメージが湧き、玉子豆腐という料理にいたっては、卵豆腐とは大違いの高級で繊細な一品とイメージされるのです。同様に、中国語の玉には球の意味がないため、たとえば玉の汗という日本語の指すところは、中国語的には自明でなく、想像の余地が広がることになります。中国語における玉の字のイメージと、日本語のタマという語の持つ語感の差は、実に面白いものがあります。

しゃぶしゃぶのしゃぶ

「しゃぶしゃぶの「しゃぶ」にあたる漢字は……」と言うと、「えっ、しゃぶしゃぶに漢字があるんですか」と驚かれることがしばしばですが、中国語には本来漢字しか文字がないため、基本的にすべての事物事象は漢字で書かれます。しかも、日本で日本料理だと一般に信じられているしゃぶしゃぶは、第二次世界大戦後、関西で初めて料理屋により供せられて全国に広がった、という経緯はあるにせよ、北京の伝統料理涮羊肉（シュワンヤンロー）の変種だと考えるのが自然です。

涮羊肉とは、薄切りにした羊肉を、銅製で中央部に煙突状の火筒を持つ鍋で煮ながら食べる鍋料理です。中国では、モンゴル帝国の第五代皇帝にして、元朝初代皇帝となったクビライが、現在の北京に大都を築いた際に持ち込んだ、あるいは発明したものだと語り継がれています。

草原出身のモンゴル人には、食用羊を育てる習慣があり、その骨つき肉を調理し、手づかみで食べる流儀です。しかし骨つき肉を調理するには、どうしてもある程度の時間がかかります。伝説によれば、ある時、空腹を訴える皇帝を待たせないよう、調理人が薄切りにした肉をさっとゆでて出したところ、クビライ皇帝は大いに喜び、これ以降北京で広く食べられるようになったといいます。そのため現在でも北京には、中心部の繁華街王府井（ワンフージン）の東来順（ドンライシュン）など涮羊肉の老舗が軒を連ねているのです。

涮羊肉

元朝が約百年で滅んだあと、明代をへて、中国史上最後の王朝となった清は、東北地方出身の満洲族によるもので、彼らは人口で多数を占める漢民族に対抗するため、チベット人、モンゴル人、そしてイスラム教徒のウイグル人（当時は色目人と呼ばれました）など他の少数民族を重用しました。そうした歴史から、今日にいたるまで、中国の首都北京では羊肉が、豚肉や牛肉や鶏肉と同じように、ごく一般的な食材として定着しています。おやつがわりに羊の串焼きを歩きながらかじり、寒い冬になれば、羊のしゃぶしゃぶである涮羊肉の鍋を囲み、アルコール度数五十六度という高粱（コーリャン）の酒二鍋頭（アルグオトウ）を飲んで体を温めるのです。

涮羊肉の準備には、銅製鍋の中央下部に火のついた木炭を置き、その上にスープや湯を張ったドーナツ型の鍋をセットします。中央の火筒は上部に開閉できる蓋（ふた）がつけられていて、出入りする酸素の量をコントロールするために使うもの。炭の燃え具合を見つつ開け閉めして、火力を調整するのです。日本の鍋料理のうち、しゃぶしゃぶだけは土鍋でなく、ドーナツ型の銅鍋を使うのは、涮羊肉の形式を受け継いでいるからにほかなりません。日本では羊肉を食べる習慣がほぼないため、牛肉を使った料理に姿を変えましたが、ポン酢の他にごまだれが定番なのは、涮羊肉に芝麻醤（ジーマージャン）が欠かせないことを思い起こさせます。

ちなみに、北京から日本に伝わった料理はしゃぶしゃぶばかりではありません。日本国内で珍しく羊を食べる北海道の名物ジンギスカン焼きも北京料理の烤羊肉（カオヤンロー）が原型だと考えられます。故宮のすぐ近く、什刹海（シーチャーハイ）という湖の岸辺にある烤肉季（カオロージー）は、清朝時代にさかのぼる「清真（チンジェン）」すなわちハラール料理の老舗で、涮羊肉も烤羊肉も味わうことができるのでおすすめです。この店で、中央が盛り上がった金属製の器具に乗せて供される烤羊肉は、ジンギスカンの名に恥じない優雅さです。かつて皇帝や貴族のために生産された羊肉は、今もよそでは類を見ないやわらかさですが、それは羊を育てる過程と肉を供する過程、両方に門外不出の秘密があるためだそうです。

というわけで、しゃぶしゃぶのしゃぶは涮羊肉の涮（シュワン）。これは、印刷の刷がハケを左右に動かすさまを示すのに対し、水の中で水平に揺する動作を指す漢字です。しゃぶしゃぶでしゃぶが二回繰り返されているのは、中国語を勉強した人はご存じの「動詞の重ね型」というもので、「ちょっと〜する」というニュアンスを持ちます。つまり「湯の中で肉をちょっと揺する」、しゃぶしゃぶですね。

さて、面白いことに、文化は一方向のみに伝播するわけではありません。日本にしゃぶしゃぶを伝えた中国の北京に、日本からしゃぶしゃぶが凱旋する日が来ようと、誰が予想したでしょうか。

まずは、北京からも日本からも遠く離れた台湾で、涮涮鍋（シュワンシュワングオ）という鍋料理が流行します。これは、「牛肉のしゃぶしゃぶ」という戦後日本の流行料理が、実は中国の涮羊肉を起源としていることを鋭敏に読み取った台湾人が、日本式に牛肉を中心とした鍋料理を新たに供するにあたり、中国語話者に理解されやすい「涮」の文字と、日本語名「しゃぶしゃぶ」の語感を総合し、「涮涮鍋」というネーミングを新たに創造したものです。

台湾の涮涮鍋は、数人で一つの鍋を囲む旧来のスタイルに加え、「カウンターで一人しゃぶしゃぶ」という形式も採用したことで人気に火がつきました。カウンターでの食事は、寿司やラーメンなど日本の飲食店では比較的よく見られますが、もともと中国料理圏には存在しなかったスタイルです。つまり、台湾の涮涮鍋店は、カウンターに一人用のコンロと鍋を設置することで、日本料理のエキゾチシズムと都会的なイメージの両方を打ち出すことに成功したのです。一九九〇年代に、今はなき旧台北駅二階のフードコートで、カウンターに座り、一人しゃぶしゃぶをした記憶を持つ人は少なくないでしょう。

追って一九九八年には、北京で「呷哺呷哺（シアブシアブ）」という名の鍋料理店がオープンします。同店は日本語のしゃぶしゃぶにそのまま当て字したネーミングを用いる一方、店内にはカウンターを設置し、「一人一鍋」を最大のセールスポイントとするなど、実質的には台湾式涮涮鍋を模倣しています。長い歴史を通じて大勢でテーブルを囲む食事形式が一般的だった中国料理圏で、おひとりさまを基準とするカウンター式料理店が流行ると読んだ経営者の勘は大当たりし、見る間に中国国内のフランチャイズ店は百軒を越え、二〇一四年には香港株式市場で上場を果たしたのです。

二十一世紀の中国式呷哺呷哺（シアブシアブ）は、日本風と台湾風をミックスしたスタイルで、北京伝統の涮羊肉とは大きく異なります。

たとえば、炭火ならぬ電気コンロの上に乗せる鍋はステンレス製で、中央の火筒は姿を消しました。材料を盛る皿は和食をイメージさせる四角形。だし汁はプレーンのほかに、濃厚麻辣味やインド風カレー味、田園トマト味、和風すき焼き味も。たれには和風味噌味や台湾風沙茶(シャチャ)味。主材料は羊肉、牛肉のほかに豚肉も。飲み物はタピオカミルクティーを中心にすべてソフトドリンクのみ。スマートな若者たちは五十六度の高粱(コーリャン)酒など飲まないのです。

思えば一九八〇年代、経済発展以前の中国で、寒い寒い北京の冬、赤く燃える炭火の上で沸き立つ湯の中に、凍ったままの羊肉を入れて涮涮(シュワンシュワン)し、暖を取った日々から四十年がたってしまいました。今の中国で若者に「呷哺呷哺は北京の伝統料理涮羊肉がオリジナル」などと言っても、首をかしげられてしまうことでしょう。

いずれにしても、しゃぶしゃぶのしゃぶを漢字で書くことは、中国料理圏では当然のことです。涮涮にせよ、呷哺呷哺にせよ。

ホイコーローのホイ

ホイコーローは漢字で書くと回鍋肉。ホイコーローのホイは「回」です。「回」は日本語でもよく使う字で、もともとは「水が渦巻く様子」を表したものですが、現代中国語では「帰る」という意味で使われることが一番多いのです。出発地点に戻るから○、また出て戻るから◎、それが回の字の意味。そのため、帰宅は回家（ホイジア）、帰国は回国（ホイグオ）、回鍋（ホイグオ）は鍋に帰るという意味になります（中国語の語順は、動詞＋目的語）。

鍋に帰るとは一体どういうことでしょうか。

中国料理では、二段階にわけて材料を加熱し、仕上げることが珍しくありません。回鍋肉の場合は、塊のままゆであげた豚肉を薄切りにして、再度調味料とともに炒めて仕上げます。この「再度」の部分が、「回」の字で表現されているのです。

回鍋肉は、中国四大料理にも八大料理にも必ず入る四川料理のうちでも、代表的なメニューの一つです。肉というからには、必ずや豚肉を中心とした料理で、四川料理であるからには、辛味のもととして豆板醤（トウバンジャン）は欠かせません。ほかに、ネギ、ニンニクの芽、ピーマンなどがしばしば加わりますが、メインは一貫して豚肉、そのうちでも脂の多いバラ肉の塊をゆでたものです。というわけで、本来の回鍋肉は、キャベツ、甜麺醤（ティエンミエンジャン）、薄切り肉が主材料となる日本のホイコーローとは少々異なるものです。

今では、日本の各食品メーカーから「ホイコーローの素」が売り出されて、「おうち中華」に欠かせない存在となり、中国文化圏方面でも「あれは日本式」と認知されているようです。そしてこの日本式ホイコーローは、エビチリや麻婆豆腐同様、日本に四川料理を伝えた陳建民（ちんけんみん）により改良されたものだといわれています。

日本は肉食の伝統が浅いため、なぜわざわざかたまり肉をゆでてから、それをスライスして炒めるのか分かりにくいかもしれません。そもそも五〇〇グラム以上の塊肉を料理したことのない人も珍しくないことでしょう。反対に、肉食の長い伝統を持つ中国料理圏では、豚を屠（ほふ）ったら、部分ごとにキロ単位の塊に切り分けて購入し、料理する習慣が根づいているのです。

冷蔵庫のなかった時代はもちろんのこと、冷凍冷蔵庫が普及した今でも、新鮮な肉は冷蔵庫に入れず、早々に料理して食べるのがよいという考え方が根強くあります。冷やすことで味が落ち、食べる人の体にも負担をかけるからです（この点は、台湾でベストセラーとなった洪愛珠著、拙訳『オールド台湾食卓記──祖母、母、私の行きつけの店』に詳しく書かれています）。

ですから、豚肉を買ったら、まず大きな塊のままで火を通すのです。そうすると、肉がいたみにくくなり、同時にスープもとることができます（注意！　肉から出た油はラード、肉を煮たお湯はスープですから、絶対に捨てないように気をつけてください）。豚バラを一時間かけてゆでたら、半分は薄切りにしてニンニクだれをつけて食べ（白肉片（バイローピエン））、半分は回鍋肉に変身させて味わい、鍋の湯には青菜か卵と塩胡椒を加えて、スープとして食べます。大した手間をかけずに一汁二菜の立派なご馳走が出来上がり（白肉片用のニンニクだれは、醤油大さじ一、酢大さじ半分に、ニンニクひとかけのみじん切りを混ぜて作ります）。

回鍋肉の位置づけは、家庭でできる手軽なご馳走。専門店でなければできない北京ダックとは違います。家庭料理ですから、その家ごとに味つけが異なるばかりか、季節によって合わせる野菜も変わってきます。定番のニンニクの芽（＋醤油）以外にも、夏は枝豆（＋生姜＋塩）やキュウリ（＋ニンニク＋醤油＋砂糖少々）、秋はキノコ（＋ネギ＋醤油）、冬は大ネギ（＋豆板醤（ドウバンジャン）＋甜麺醤（ティエンミエンジャン）＋醤油）など、旬の美味しくて安い野菜を使うのです。

豚肉の塊は、中国伝統の道教では中心的なお供物のひとつです。清朝の皇帝を生んだ満洲族の宗教儀式でも重要な役割を果たしたそうです。どちらも、神事を終えたら、ゆでて調理するわけですが、塊のままゆであがった状態が白肉（バイロー）と呼ばれ、ちょうど日本でいう尾（お）

頭（かしら）つきの鯛のようなご馳走感が漂います。有名な北京の老舗が出す料理のひとつに砂鍋白肉（シャグオバイロー）がありますが、これは白肉のスライスを白菜漬けや春雨と一緒に土鍋で煮あげたものです。

　豚には赤身だけではなく脂身の美味しさもあるので、調理する最中に脂が溶け出ないように、豚肉の皮をつけたままにする必要があります。豚皮にはコラーゲンがたっぷり含まれているので、常温でゼリー状になる性質を利用して前菜に使われることも多く、砂鍋白肉の店では、そのゼリー寄せを水晶肘子（シュイジンジョウズ）という名でメニューに載せています。一方、熱すると再び溶ける豚皮の性質を利用しているのは、中に熱々のスープがたっぷり包まれた小籠包（シャオロンバオ）というわけです。

　塊肉をスライスする、このプロセスが絶対に必要な理由の一つは、中国料理では箸と蓮花（れんげ）だけで全てを食べるため、あらゆる食材は口に入る大きさにしなければならないということです。

　以上のように、中国料理食材の王様とも言える豚のかたまり肉には、大きいままで調理する利点と、一口サイズで供する必要の両方があり、回鍋肉という料理はこの二つの問題を解決すると同時に美味なるスープも出来上がる、まさに中華王道の一品と言える存在なのです。

せいろは蒸籠

蒸籠と書いてせいろと読みます。日本のお蕎麦(そば)屋さんで、少し高級な店だと、せいろ蕎麦をメニューに載せているところがありますが、あれは江戸時代に、打ち立ての蕎麦をせいろで蒸して提供していた名残りだそうです。今日でも、四角いせいろに冷たい蕎麦を盛って出されますが、蕎麦自体はゆでてから冷水で締めてあるので、せいろに調理器具としての機能はなく、ただ器としての役割しかありません。

中国料理では、竹や木でできた丸い蒸籠を、日常的な調理器具として使います。日本にも蒸し器というものがあり、電子レンジの登場以前は、冷やご飯を温めるのや、おやつ時に芋類をふかすのによく使っていた記憶がありますが、蒸籠はより積極的に、主役となる料理を作る道具として使います。

蒸籠と蒸し器の、最も根本的な違いは、蒸籠は重ねて使うということでしょう。飲茶屋さんで、小型の蒸籠に入ったエビ餃子や焼売(しゅうまい)が何段も重ねられて出てくるのを見たことがある人は多いと思いますが、あれは単なる運搬手段や保温手段ではありません。蒸す段階から、重ねて蒸しているのです。中国語圏のレシピを調べると、一段から十五段までと書かれています。家庭で十五段ということはないにしても、三段、四段くらいは普通に重ねて使います。

最もよく使われるのは、やはり、中華まんや焼売などの点心を作ったり、温めたりする場合ですが、同じくらいよく使われるのは、魚を蒸す場合です。香港や台湾には、尾頭つきの魚をまるまる一尾蒸した清蒸魚という料理があります。ご馳走のイメージですが、材料は白身魚ならいずれでもよく、鱗を引き、内臓を抜いたものに軽く塩をして、ネギ、生姜を添えたら、皿ごと蒸籠に入れて蒸します。そして、蒸しあがったところに、白髪ネギと香菜（パクチー）を乗せ、熱した油をかけて供するのです。

せいろに入った包子と清蒸魚

小型とはいえ、尾頭つきの魚を皿に乗せて蒸し、さらに食卓で取り分けるという作業は、日本の家庭で想像すると、少々大がかりに感じられるものです。そこでわが家では、切り身の魚を買ってきて、一人分ずつアルミフォイルに乗せ、小型の点心用蒸籠で蒸しています。

蒸し料理は思いのほか、短時間で出来上がります。蒸し魚の場合は、尾頭つきの一尾で七分から十分。切り身の場合は最長でも七分です（広東風の蒸し鶏＝白切鶏（バイチエジー）は、まる鶏を十五分蒸して仕上げます）。さらに、この蒸し時間は、蒸籠の段数が増えても同じままなのです。ですから、四人家族の夕飯で主役となるべき魚の切り身を、四段の蒸籠に分けて重ねても、所要時間は七分未満。もう一つ、驚くべきことに、蒸籠で重ね蒸しをする場合、最も先に火が通るのは一番上の段に置いたものなのです。

コンロに置いた鍋に水を入れて沸騰させ、その上に蒸籠を重ねていく。そうすると、一番下の段が最も火に近いので、一番先に火が通るのではないかと思ってしまいがちですが、実はそうではないのです。蒸し器の中の水蒸気はどこも一〇〇度ですが、常に上昇を続け、最上段で蓋にぶつかって出口を失う結果、最上段の水蒸気量が最大になる、ということのようです。

また、上部に蒸籠を重ねて蒸し料理を行う間、湯を張った鍋で別の料理をすることもできます。蒸籠の底部分から、すのこを通り抜けて、鍋に水分が落ちる可能性を考慮すると、おのずからできること、避けるべきことが出てきますが、わが家ではおでんの下準備で大根を蒸す間、下の鍋でゆで卵を作ることにしています。

中国語圏は中国料理圏であり、箸文化圏でもありますが、日本を除く箸文化圏の各地で、炊飯器の中に蒸し棚を入れて、ご飯を炊くのと同時に、上部でおかずを調理することが行われています。メーカーの側が、炊飯器に付録として蒸し棚をつけ、販売しているのです。これも蒸籠を重ねて複数の料理を同時進行するのと同じ発想。というよりも、伝統的に蒸籠を使ってきた人たちにとって、ご飯を炊くのに発生する蒸気を無駄にすることなど考えられないのです。この点、ほぼ同時に三品を仕上げる回鍋肉同様、中国料理の合理性（＝節約精神）がいかんなく発揮されているといえましょう。

昨今台湾ブームの日本では、台湾現地でどの家庭でもコンビニでも使われている大同（ダートン）電鍋（ディエングオ）という電気鍋が注目されています。鍋が二重になったシンプルな構造で、外鍋に注いだ水が蒸発しきったら、スイッチが自動で切れる仕組み。そのような調理器具が、台湾で今日までそれだけ普及しているのは、代々にわたり蒸籠で料理をしてきた伝統が、食文化の中に今も根強く定着しているからだとしか考えられません。

第二章　絢爛たる主食

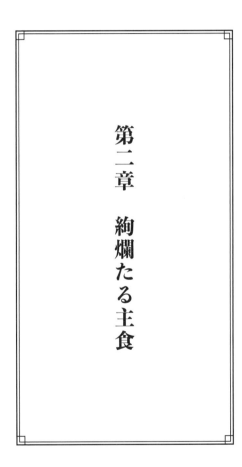

拉麵のラー

日本では中国料理という印象が強いラーメン。中国語圏では反対に、日本生まれの料理だとして、日式拉麵（リースーラーミエン）と呼ばれています。そして、日本に旅行で来たら、カウンターで日式拉麵を食べるのが楽しみ、と言う中国人、華人が大勢いるほどの人気食品になっています。しかも日本では普通ガッツリ系ととらえられるラーメンを、彼らはしばしばサッパリ系の食べ物とみなしているあたり、彼我（ひが）の差は面白いものがありますね。

とはいえ、日式すなわち日本式と言うからには、もともと日式でない拉麵があったのでは？　と疑った人は大正解。ただし、その拉麵が日本のラーメンの元祖だと言えるかどうかは微妙です。なぜなら、中国語でいう拉麵は丼に入れた麵にチャーシューやメンマを乗せて供されるひとつの料理ではなく、麵そのものを指す言葉だからです。

そもそも拉麵のラーは、引っ張るという意味。塩を少々入れた水でこねた小麦粉を、寝かせて、揉（も）み、叩き、ある程度まとまったところで油を塗り、今度は生地を両手に持って引っ張り、長く長く伸ばしていく。その「引っ張る」ことを指して「拉」と呼ぶのです。

この間、生地を「寝かせる」という日本語を中国語にすると「醒麵（シンミエン）」、すなわち「麵を目覚めさせる」という表現になります。これは、日本語と反対の意味だというよりは、むしろ「十分に寝て元気になったところを起こす」というふうに、重点が違っているものと思われます。元気を回復し、すっきりと目覚めた生地を小さくまとめて、油を塗り、引っ張ることでコシの強い麵が生まれるのです。

中国各地に同様の作り方をした麵があり、太さや料理法はさまざま。そのうちでも、料理名に「拉（ラー）」の字が入り、かつ全国的に有名なのが、黄河の上流、甘粛（かんしゅく）省は蘭州（らんしゅう）の牛肉拉麵（ニウローラーミエン）です。

中国北西部はイスラム教徒が多く、料理に使うのは豚肉よりも牛肉が主流です。蘭州の牛肉拉麵も中国語でいう「清真（チンジェン）」すなわちハラールの食べ物で、牛肉の透明なスープにコシの強い麵を入れ、柔らかく煮込んだ牛肉と付け合わせに水煮の白い大根、緑の香菜（シャンツァイ）（パクチー）、赤い唐辛子を添えます。スープ全体を辛口に味つけした赤バージョンも人気です。

この蘭州牛肉拉麵、かつては発祥の地でしか味わえませんでしたが、一九九〇年代以降は北京など中国各地にチェーン店が開かれるようになりました。台湾で名物料理の一つになっている牛肉麵は、この蘭州式に代表される中国北西部スタイルを踏襲したものです。

第二次世界大戦前まで、台湾ではほとんど牛肉を食べませんでしたが、戦後中国から渡来した国民党軍の兵隊により持ち込まれると、半世紀の間にすっかり根づいて、名物料理にまで数えられるようになったのです。それは、柔らかく煮込んだ牛肉のおいしさと、繰り返し引っ張ることで得られる麺自体の味わい、両方があってのことでしょう。

日本語ではほぼ使うことのない「拉」の文字。拉麺以外では「拉致」くらいしか出番がありませんが、ここでもやはり「引っ張って（連れ去る）」という意味で使われています。ドアの表裏に、日本語なら「押す・引く」、英語なら「push・pull」と書くところ、中国語では「推（トゥイ）・拉（ラー）」と書かれます。引くすなわち「拉」なので、たとえばバイオリンなど、弓を弦に当てて引く弦楽器については、「拉」を「弾く＝演奏する」の意味で使います。拉小提琴（ラーシャオティーチン）（バイオリンを弾く）、拉大提琴（ラーダーティーチン）（チェロを弾く）など。もちろん、ビオラもコントラバスも、二胡などの中国伝統弦楽器も、擦弦楽器（さつげんがっき）を演奏するにあたる動詞は「拉」です。

麺の話に戻ると、レストランの店先で、プロの料理人がガラス張りの厨房内に陣取り、客に見えるよう麺を伸ばしていく姿を見かけることがあります。一方、家庭の台所で、麺好きの一般人がひとり分、ふたり分の麺を手でこねて伸ばしている様子も、動画サイトにはあふれています。その場合は、生地をこねてから寝かせ（て目覚めさせ）、十分に弾力が出たところで、一本ずつ太い箸ほどの大きさに包丁で切り揃えたり、手で形作ってから、油をまぶして、細い麺になるよう引っ張っています。

　中国の麺料理のなかでも、一二を争うほどに細く、そのため竜の鬚（ひげ）と呼ばれる龍鬚麺（ロンシューミエン）も拉麺の一種です。こちらは名人がレストランの客席中央に出向き、両手に持った生麺を振り上げ、振り下ろして、細く細く伸ばしていったものを、最後は天井に放り投げて密着させ、床に向かって一斉に落ちてくる様を「三千丈の滝」と呼ぶなど、劇的な演出もされます。昨今では、業界団体の規定により、柔らかい生地を繰り返し折り畳んでは伸ばすこと最低十四回、ひとかたまりの生地から生まれた春雨のように細い麺が何と一万数千本に及んで初めて龍鬚麺と呼ぶことを許されるなど、技術水準を目覚ましく向上させつつ普及している模様です。以前は口にする機会も少なく、旧暦の二月二日、伝説によれば龍が頭をもたげるというその日にだけ食べる特別な麺でしたが、現在では生産量の増加と物流の発達により、年間を通じて食べられています。龍鬚麺のように、引っ張って作る拉麺は、一本一本が長いため、長寿を祈願する長寿麺（チャンショウミエン）として誕生日の食卓に上るなど、縁起のよさも人気の秘密です。

　そもそも長江より北の中国北方（華北、東北）では、米がとれず、小麦などを主食としてきた背景があり、そのために小麦粉料理（麺食）の技術が発展しました。挽（ひ）いた粉を水でこねて引っ張ったり、のして重ねてから細切りにし、長い麺に仕上げる方法は、ユーラシア大陸各地で多発的に生まれたもののようです。そのため、いつ、どこが発祥の地とは言い切れません。とはいえ、元（げん）の時代、クビライ・カンの宮廷に仕え、中国の事情を「東方見聞録」に記してヨーロッパに伝えたマルコ・ポーロが、パスタの故郷イタリアの出身だったことを思うと、どうしても両者の関係を詮索したい気持ちになりますね。

面白いことに、マルコ・ポーロが欧州から渡来した旅路にあたる中国北西部の新疆（しんきょう）ウィグル自治区には、パスタを思わせるコシの強い手打ち麺があって、拉条子（ラーティアオズ）と呼ばれています（本書一五四頁参照）。拉は拉麺の拉、条子は細長い紐（ひも）状のものの意。これに羊肉とトマトなどの野菜を炒め、クミンを効かせたソースをかけて食べると驚くほどの美味しさ。

そればかりか、中国領をあとにし、シルクロードをさらに西に向かった中央アジアのカザフスタン、キルギスタン、ウズベキスタン、トルクメニスタンといった地域でも、ほぼ同じものが、ラグマンと呼ばれ、日常的に食べられているそうです。ラグマンとは、拉麺のことでしょう。そして、その名の通り、中心的役割を占める麺は、各家庭で人々が小麦粉をこね、油をまぶした指で生地を引っ張り、打ち立てのところをゆでて供されるといいます。

「日本はシルクロードの終点である」という言い方が、奈良は東大寺正倉院（しょうそういん）所蔵の宝物などについてされることがあります。引っ張って作るという意味の拉麺は、シルクロード上の国々や中国各地に広がっているのに、海をこえて日本にまでは伝わらなかったのでしょうか。それが、そうでもないようなのです。

日本で今日まで広く食べられているそうめん。漢字では素麺と書かれることが多いですが、時代をさかのぼると、最初は索麺、あるいはその前身として索餅と書かれていました。索は索引（さくいん）の索です。日本語では「辞書を引く」と言いますが、索には縄、あるいは縄をなうという意味があり、どうやら拉麺に通じる意味が込められている模様です。

同じ麺類であっても、蕎麦、うどん、冷麦は生地を平らに延ばし、包丁で切って出来上がります。それに対し、そうめんは手延べそうめんと言われるように、指で生地を細く細く延ばして出来上がるのです。そのため麺の断面が、蕎麦やうどんは四角いのに対し、そうめんは丸く、喉越し（のどごし）のよさにつながります。そして、引っ張り、伸ばすという工程を持つゆえに、そうめんは細ければ細いほど高級という価値観が生じ、揖保乃糸（いぼのいと）などは贈答品として、今日までお中元にも使われ続けているのです。

そうめんとラーメンは、現在の日本ではずいぶん異なる印象を持たれていますが、実は共通の出自を持つ、のかもしれません。

面食の面

ご存じのように、中国では一九五〇年代以降、漢字の簡略化を行い、多くの文字が簡体(かんたい)字(じ)に変わりました。日本でも第二次世界大戦後、漢字の簡略化は行われましたが、いわゆる新字体もその徹底度では中国に遠く及びません。なにしろ、中国では同音の文字はできるだけ一つにまとめるという方針から、後と后がどちらも后になってしまいましたから。と同時に、同じ中国語圏の香港や台湾では、今もなお、画数の多い旧字体（中国語では繁体字、正体字）が使われています。

そうしたわけで、面食です。

日本語で読めば、めんくい。ところが、これは、中国語では麵食(ミエンスー)のことなのです。人間ではなく食べ物。

ならば、面（＝麵）とは何か。

日本語では麵類の麵ですから、蕎麦、うどん、スパゲティ、ラーメンなど、穀類の粉末に水を加えて作られた「細長い紐状の食べ物」を指す、というのが一般的な理解です。だから、「蕎麦は蕎麦粉の麺」、「ベトナムのフォーは米粉の麺」、という言い方が自然に成り立ちます。そして、小麦粉が主材料ではあっても、パンやお好み焼きは、その形状からして、麺の仲間とは考えられないのです。

他方、中国語圏においては、面（＝麺）とは第一義的に小麦粉のこと。それを利用して作った広範な食品が面（麺）食と呼ばれます。

具体的に言うと、面（麺）食とは「面（ミエン）（麺）条（ティアオ）、饅頭（マントウ）、花巻（ホワジュアン）、油条（ヨウティアオ）、焼餅（シャオビン）、餃子（ジャオズ）、包子（バオズ）、餛飩（フントゥン）など」（百度百科）。そのうち最初の「面条」だけは、小麦粉をこねて作った細長い麺類を指しますが、あとは、饅頭（マントウ）（具なしの中華まん）、花巻（花型の蒸しパン）、油条（軽い揚げパン）、焼餅（お焼き）、餃子、中華まん、ワンタン。面条以外すべて細長い形状とは無関係です。さらに、大きく分けると、生地をふくらませたパンの仲間と、ふくらませていないパスタの仲間が存在することが、わかると思います。中国語の面（麺）食は、日本語の「粉食」に近い概念なのです。

中国語で「面（麺）を食べる」と言った時、細長い麺類を指す可能性は、それほど高くはありません。「おかしいな、麺を食べると言ったはずなのに、花巻が出た、餃子が出た」という事態が、十分に起こりうるのです。なぜなら「面（麺）を食べる」と言った時、言外に「米ではなく、小麦を主食とする」というメッセージが含まれているからです。そして、これは、長い歴史を通じて、中国北部では米が取れず、小麦や雑穀が主食だったことと無縁ではありません。

中国語で面（麵）に分類される餃子が、中国料理圏の人たちにとって主食であるのは、イタリア人にとって、スパゲティだけでなく、ほかのパスタ、たとえばラザニアやマカロニも主食であるのと同じです。日本人にとっては当たり前の「ラーメンと餃子とチャーハン」が並んだ食卓は、中国料理圏では「うどんに親子丼と海苔巻き」が並んでいるかのような印象になるでしょう。

ちなみに、「餃子はおかずではなく主食である」という点については、「中国料理圏で餃子というと、ほとんどの場合、日本のような焼き餃子ではなく、打ち立ての皮で包むはなからゆであげて食べる『水餃（シュイジャオ）』（スープに入った水餃子にあらず）のことなのである」という補助線を引くと、わかりやすくなるかもしれません。餃子は、中に包む具も大切ではありますが、おいしさの中心は打ち立て麵のフレッシュな味わい。焼き餃子は、たとえて言うと、偶然炊飯がまの底にできたおこげを食べてそのおいしさを知り、あえて炊き立ての飯からおこげ料理を作って楽しむ、みたいな感じでしょうか。

以前、日本の食文化研究家が世界各地の麵を食べ歩く、という本を読んだことがあります。面白そう、と思って手に取りましたが、期待したほど盛り上がらなかったのは、麵の定義が日本と他国では異なっているためだったようです。

たとえば、米を挽いた粉から作ったビーフンやフォーは、細長い紐状のヌードルですが、中国料理圏では麵と見なされません。漢字で書くと、ビーフンとフォーはそれぞれ米粉（ミーフェン）と河粉（ホーフェン）。両者に含まれる粉（フェン）の字は、小麦以外の穀物からできた粉末を指します。

ややこしいのは、小麦粉を面（ミエン）（麵）粉（フェン）と呼ぶことです。さらには、この面（麵）という語が、粉末は粉末でも、粒子の細かさを強調する意味合いを持つこと。そのため、胡椒（フージャオ）面（ミエン）（麵）は胡椒をまぶした焼きそばではなく、細かい粉状の胡椒を指します。白面（バイミエン）に至っては、第一義的に小麦粉、第二義的には白い粉状の毒物、ヘロインなどを指すのです。さらに、第三義になると、白面書生（バイミエンシューション）は色白で社会経験の少ない知識人。似て非なる言葉に小白臉（シャオバイリエン）というのもあり、こちらでは臉が顔の意で、全体として年上の女性に養ってもらう若いイケメンを指します。やはり面と麵はきちんと分けておかないと、いらぬ混乱を招きそうですね。

ビーフンのフン

ビーフンは漢字で書くと米粉（ミーフェン）。文字通り米の粉から作られた食べ物です。日本では台湾新竹産の新竹ビーフンが有名ですが、中国南部から東南アジアにかけて、米を主食とし、その分小麦の生産量が少ない地域で、伝統的に食べられてきました。

形状の豊富さは驚くほどで、新竹ビーフンのように細いものがある一方、中国広東の河（ホー）粉（ファン）やベトナムのフォーのように幅広なもの、台湾の米苔目（ミータイムー）や雲南の米線（ミーシェン）のように断面の丸いもの、さらにベトナム春巻に使うライスペーパーのように平たい紙状のもの、そして飲茶で定番の腸粉（チョンファン）のように、蒸したてで柔らかい生地をソーセージの形状に丸めたものなど、各地でさまざまに展開されています。つまりビーフンは米粉のパスタなわけですね。

小麦粉を主原料とする食品の総称が麵（ミエン）（面）であるのに対し、米粉を主原料とする加工食品の総称が粉（フェン）です。よくよく見てみれば、粉の字の部首は米偏です。焼きビーフンを炒米粉（チャオミーフェン）、スープ入りビーフンを湯米粉（タンミーフェン）と呼ぶのが普通ですが、ただ炒粉（チャオフェン）、湯粉（タンフェン）と呼んだ場合にも、おそらく米粉のビーフンを使っているものだと想像されます。

小麦粉と米粉は材料特性に違いがあるため、麺と粉は作り方が異なります。麺の場合、小麦粉を水でこねてから、打ったり引っ張ったりしてコシすなわち歯応えを出しますが、米粉は水分を加えてある程度まとまったら、ところてんのように、細い紐状に押し出して、直接鍋中の熱湯に入れてゆでたり、蒸したりしてから、乾燥させます。製造過程で一度加熱済みのため、乾燥米粉を調理する際は、再度ゆでる必要がなく、生春巻の皮のように、お湯で戻して食べることも可能なのです。

各地に名のある米粉（ミーフェン）は数知れず、中国南部だと有名なところで、雲南省の過橋米線（グオチャオミーシエン）、広西チワン族自治区の柳州（リウジョウ）米粉、湖南省の長沙（チャンシャ）米粉、江西省の金渓（ジンシー）米粉、四川省の綿陽（ミエンヤン）米粉、福建省の湖頭（フートウ）米粉、シンガポール風とされるカレー粉入りの星洲炒粉（シンジョウチャオフェン）などなど。味つけや具のバラエティーも、台湾の小巻（シャオジュアン）（イカ）米粉、南瓜（ナングワ）米粉、芋頭（ユイトウ）（タロイモ）米粉、広西省のタニシ米粉、貴州省の牛肉米粉、江西省の羊肉炒粉、広西の馬肉米粉、ベジタリアン向けの素（スー）米粉、さらにはマレーシアのココナッツミルク入りラクサ米粉と、米に合うおかずの数だけ米粉の種類もある、と言えそうです。

ここまでに挙げたのは、食事としてとられる米粉ですが、台湾の米苔目（ミータイムー）はかき氷と甘く煮た緑豆（りょくとう）を加えて、スイーツとしても食べられます。

そして中国料理には、米以外の材料から作って粉（フェン）と呼ばれる食品もあり、前菜や軽食、

米苔目かき氷

炒め物などに使われ、各地で愛されています。材料になるのは主に緑豆などの豆や、さつまいも、山芋などのイモ類ですが、日本のわらび餅やくず餅と同様、蕨（わらび）、葛（くず）の根からとったでんぷんを使う場合もあります。日本でいう春雨は、中国語だと粉絲（フェンスー）となり、うち多くは緑豆を原料とします。これらを使って作られたものはおかずやおやつにあたり、米から作る米粉の仲間が主食の役を担うのとは、役割が異なります。

涼粉（リャンフェン）と呼ばれるのは、寒天のような食感を持つゼリー状の食品で、涼粉草（リャンフェンツァオ）という漢方薬剤から作られる場合もありますが、一般的には各種のでんぷんを水と合わせ、加熱して作ります。片栗粉で作るあんかけのあんをさらに煮詰めてから、冷まし、固めたようなもので、ひんやりとした食感が、特に暑い夏の日に喜ばれます。通常は常温で凝固させ、冷蔵庫に入れたものは硬すぎるからと、評判がよくありません。

涼粉を冷菜として食べる場合は、細切りや賽の目切りにして、醤油、酢、唐辛子、砂糖、塩、ごま油に香菜（パクチー）、ニンニクのみじん切りなどであえるのが定番。反対に油で炒めて熱菜（ルァツァイ）とすることもあり、これは河南省開封市の名物炒涼粉（チャオリャンフェン）です。

また中国料理には「〜皮（ピー）」と呼ばれる一連の食材があり、平たく、薄い形状が共通点です。豆皮（ドウピー）といえば豆乳から作る湯葉（ゆば）のことですが、涼皮（リャンピー）あるいは粉皮（フェンピー）は、薄く仕上げた涼粉を、細切りなどにし、酸麻辣（スワンマーラー）味のタレや芝麻醤（ジーマージャン）などの調味料であえて供するビールのおつまみ的存在です。安徽（あんき）省などには「面皮（ミエンピー）」という食品もありますが、これは「面（つら）の皮」ではなく、「麵の皮」つまり小麦粉を使い、涼皮に似た食感を持たせたものです。

餃子のギョ

ラーメンと同様、日本人の愛する中華料理コンテストが開かれれば、上位入選間違いなしの餃子。こちらはラーメンと異なり、出自についての疑問が呈されることはありません。中国では十八世紀までに庶民階級に広がっていたという餃子は、当時から長崎を通じて伝来した模様で、日清戦争後の二十世紀初頭になると、日本の料理本で紹介された例もあるようですが、全国的に大人気となったのは、間違いなく第二次世界大戦後のこと。ポツダム宣言受諾、敗戦を経て、外地から日本への引き揚げが相次いだ中、中国東北部の旧満洲国地域から帰還した人たちが、当時闇市と呼ばれていた屋外市場で、油で焼いた肉饅頭（にくまんじゅう）を売り出したのが始まりです。

それは、終戦後、日本人が食糧不足で飢餓（きが）に苦しんでいたころ。アメリカから当初は支援物資として、後には輸入品として届けられた小麦粉を利用し、淡白な日本料理では補いきれないエネルギーを急速に吸収する手段として、肉や油を使った中国の食べ物が広がっていったのです。そのため、本場で中心をしめる水餃（シュイジャオ）（ゆで餃子）ではなく、油で焼いた鍋貼（焼き餃子）のほうが歓迎され、スタミナ補給の代名詞的存在であるニンニクが欠かせぬ具材のひとつとなった、というのはとてもわかりやすい話です。

当初はおそらく、外食で男性が食べるものという位置づけだった焼き餃子ですが、一九五〇年代になると、徐々に家庭でも作られるようになり、五九年にはＮＨＫの「きょうの料理」で取り上げられたり、女子栄養大学出版部の『栄養と料理』誌に掲載されたりします。同じ頃、餃子の皮が市販されるようになって、手作り餃子は家庭料理の一角を占め始めます。さらに六〇年代に売り出された冷凍食品のラインアップには、最初から餃子が含まれていました。そして八〇年代以降は、栃木県宇都宮市を皮切りに、町おこしの一環、Ｂ級グルメの中心的存在として喧伝されるようになり、一度家庭料理化した餃子は、再度外食メニューとして人気を博すようになったのです（この部分の記述は、東京大学大学院人文社会系研究科、文学部国際交流室日本語教室の文集「ぎんなん」二〇一八年号に掲載された殷晴、周璐蓉さん著「日本における餃子の伝来と受容」を参考にしました）。

この餃子、標準中国語での発音はジャオズですが、日本ではギョウザという名前で普及しました。これは同じ中国でも山東省出身者に特有の発音が、そのまま持ち込まれたものです。日本式餃子発祥の地である中国東北地方、旧満洲国地域は、住民のうちおよそ半数が山東省の出身者だったのです。

満洲国は万里の長城の北東に位置し、もともとは清朝皇室の先祖である満洲族の郷里でした。彼らは森林地帯に暮らす狩猟民族で、農耕民族である漢族の流入を禁止していましたが、一九二〇年代に山東省が厳しい旱害などにみまわれた際、多くの人々が長城の東端にある山海関を越えて東北地方に移住したのです。

山海関の東を指して関東と呼びます。日本が日露戦争後にロシアから引き継いだ租借地の大連は関東州に属していました。その地域の警備を目的として置かれた部隊が後の関東軍で、一九三一年の満洲事変を機に支配領域を広げ、翌三二年には満洲国を立ち上げるにいたったのです。それ以降、日本から渡った軍人、兵士、民間人、開拓民らが接した相手のうち、多くが山東省なまりの中国語を話したと想像されます。

山東方言の特徴の一つとして、標準中国語におけるチの音がキに、ジの音がギに置き換わることが挙げられます。そのため、「ジャオ」と言おうとしても、口から出る音は「ギャオ」になってしまうのです。そもそも標準中国語に、ギョウザのギョという音はありません。子音kとgのあとに続く母音はa、u、e、oだけで、iとの組み合わせが存在しないため、カ、ク、ケ、コは発音できてもキは発音できず、ガ、グ、ゲ、ゴは発音できても、ギの音は発音できないのです。

ギョウザという標準中国語にはない音を聞くたびに、私はその昔北京に留学していた頃、寮の受付にいたおばあさんのことを思い出します。彼女は山東省の出身で、その時で、すでに北京に数十年間住んでいたにもかかわらず、故郷山東のなまりが抜けませんでした。そのため、自転車の空気入れを指す中国語の単語「気筒」は、本来チートンであるはずなのに、彼女の口から出ると百パーセントの確率でキートンに、「ジャオズ」であるべき「餃子」も「ギャオザ」になってしまうのでした（餃子の「子」は、「椅子」や「帽子」の場合と同様に接尾語であるため、発音は曖昧になりがちで、しばしば「ズ」よりも「ザ」に近い音に聞こえます。また、山東方言では、餃子を「グジャ（表記は骨扎など）」と呼ぶこともあるので、そこから「ギョウザ」に変じた可能性もあります）。

まあ、実のところ、日本に伝わっている中国料理の名称は、それを伝えた人々の出身地を反映していることが珍しくないのです。シュウマイ（焼売）もチャーシュウ（叉焼）も、焼をシュウと読むのは広東語なので、おそらく香港から来た料理人が伝えたのだな、とか。ヨーロッパほどの面積を持つ広い中国のことですから、地域ごとに発音が違うのは当たり前なのです。

煎餅の煎と餅

煎餅というと、いかにも日本的なお菓子のような気がしますが、煎餅（ジェンビン）という名の食品は、中国では少なくとも西暦四、五世紀の東晋時代にさかのぼる歴史を持ち、現在でも主食のひとつとして、広い地域で食べられているものです。

そもそも煎餅の煎の字は、日本語でも「漢方薬を煎（せん）じる」というように、何かを熱湯の中で長く煮て、エッセンスを煮出すという意味でした。長くじりじりと煮ていくその様子から、人をいじめて辛い目に遭わせることを指したりもします。

もう一つ、日本語で煎の字が使われるのは煎茶（せんちゃ）の場合ですが、こちらの方は茶葉を粉にして湯に溶かす抹茶に対し、茶葉をそのまま熱湯に浸して飲む方法を指したそうです。それ以外に、日本語で煎の字を使うことはあまりありませんね。

一方、中国語の場合、煎の字は現在ではほとんど、中華鍋やフライパンに油を薄く引いて、食材を焼くことを指します。油で魚を焼いたり、豆腐を焼いたり、ハンバーグを焼いたり、ステーキを焼いたり、さまざまな場面で日常的に使われる語です。煎餅もそのひとつと言えますが、煎餅で焼かれるのは餅ではありません。
それは、中国語で餅(ビン)というと、日本語の餅、すなわち蒸した餅米を杵(きね)でついて作るモチではなく、小麦粉を主原料として作られる、薄くて円型の食品を指すためです。つまり、中国語の餅は面（麺）の一種ということになり、小さなものだとビスケット、クッキーや月餅(げっぺい)、大きなものでは円型のパンやクレープを指し、そこにはお好み焼きなども含まれます。実際、中国語の検索サイトでお好み焼きを調べると、「日式煎餅(リースージエンビン)」と出てきます。

　では中国にモチはないのか、というと、やはり中国にも同様のものがあります。日中辞典で餅の中国語訳を調べると、年糕(ニエンガオ)と出てきますが、これは上海などでは「年糕排骨(ニエンガオパイグゥ)（モチとスペアリブ）」などのメニューで、年間を通じて食べられているもので、餅米とうるち米の粉を水で溶き蒸しあげたもので、食感は和菓子のういろうに似ています。それでは、餅米を杵でついて作るモチはないのかというと、やはり中国にもあって、こちらは糍粑(ツーバー)と呼ばれます。主に南部各省や少数民族地区で、旧暦の年末や秋のお月見に作られてきたということなので、日本のお餅につながる歴史を想像させます。

　一方、海を挟んだ台湾では、モチを台湾語で麻糬(ムアチー)と呼んで、日本式と同じに小豆(あずき)あんを包んだ大福や、ピーナッツ粉、カジキマグロのフレークなど地元特産品を中に包んだものなど、広範な展開を見せています。なお、東南アジアのシンガポールやマレーシアは、台

鉄板で焼かれる煎餅果子

湾同様、中国福建省に出自を持つ人が多いため、台湾と共通の文化現象が多く見られ、やはり麻糬（ムアチー）の名で日本式に似た餅が食べられています。

ところで、日本の煎餅（せんべい）は、東京など関東地方だと、炊いた米をつぶして薄い円盤形に成形し、醤油を塗って焼くか揚げるかしたものがほとんどです。今日まで草加煎餅（そうかせんべい）として知られるように、埼玉県の草加市あたりで、江戸時代の初めに作り始めたもののようです。一方、関西圏では、小麦粉を主原料とし、卵や砂糖を加えて焼きあげた、四角い瓦煎餅（かわらせんべい）や、円型の温泉煎餅が主流で、こちらのほうが中国語の用法に近いと言えます。

そして、本家中国の煎餅はどういうものかというと、小麦粉やコーリャン、トウモロコシなど雑穀の粉に水や鶏卵などを加えて溶き、糊状になったところで、鉄製の円盤などの上におたまで広げ、ネギや生姜、黒ゴマ、時にはハムのみじん切りなどを散らしながら表、裏の両面をこんがり焼きあげて作ります。畳んで携帯食としたり、温め直して食事に出したり、変幻自在の便利な主食です。ある程度硬く、咀嚼（そしゃく）することで満腹感が得られるのもよい、との証言もあります。もっともシンプルな食べ方として、中にネギを一本巻いてかじるという地域から、さまざまな具をたっぷり巻いて食べるところまで。さらに近年では、生クリームとイチゴなどでクレープのようなスイーツに仕上げることもあるそうです。

　面白いのは、小麦粉を主食とする中国北部では、このように円型の餅を日常的に焼いて食べるため、卓上で電力を用いるホットプレートであっても、煎餅型すなわち丸い形の道具が普及しているということです。

ワンタンの混沌

日本で生まれ育っても、日本列島隅々までの事情に通じた人はほとんどいないでしょう。いわんや面積が日本の二十六倍もある中国においてをや。中国人だからといって、すべての省や自治区を踏破したという人には、ほとんど会ったことがありません。

九六〇万平方キロメートルというその広大な国土は、ヨーロッパ（ＥＵ）圏の二倍以上、人口について言うなら三倍です。というわけで、ヨーロッパにフランス料理、イタリア料理、スペイン料理、ドイツ料理など地域ごとの料理が根づいているように、中国にも北京料理、上海料理、広東料理、四川料理などなど各地の料理があります。そして、中国には中国料理、中華料理という看板を掲げた店はありません。それは、ちょうど、ヨーロッパにヨーロッパ料理店、西洋料理店を名乗る店がないのと同じです。

北京が首都であることから、中国語の教科書で紹介される中国の生活文化は北京の事情を説明していることが多いです。けれども、日本など外国の学習者がそれを見て中国全体の話だと思い込むと、少々現実とずれてしまいます。

春節、旧正月の行事食としては、北京など北方で年越しを祝い、みんなで作って食べる餃子について語られることが多いですが、上海出身の留学生は「春節はモチを食べる」と言います。そのモチは日本のように蒸した餅米を杵でついたものではなく、年糕（ニエンガオ）と呼ばれ、餅米粉（もちごめこ）と粳米粉（うるちまいこ）を合わせて水に溶いてから、丸や四角の容器に入れて蒸したもの。また、上海には八宝飯（バーバオファン）といって、餅米の上に蓮（はす）の実（み）、胡桃（くるみ）、ピーナッツ、干し葡萄（ぶどう）、銀杏（ぎんなん）や小豆あんなど、縁起のよい八種類の甘い具を乗せて飾り、蒸しあげた正月料理もありますが、その場合は、形がボウルを伏せた半球型になることが多いようです。そして、年越しに餃子を食べず、モチを食べるという上海の人たちが、何かの折に集まって一緒に作るのは、餃子ではなくワンタンなのです。

漢字で馄饨（餛飩）と書き、標準中国語でフントゥンと発音されるワンタンは、中国では紀元前の遺跡からも発掘されているという古い食べ物で、混沌の二文字とつくりを共有しているのは、実際に、お湯の中でゆでられる様子も、ゆであがった様子も混沌としているかららしいのです。日本に伝わって、音が似ている小麦粉食品のうどん（饂飩）やほうとう（餺飥）の元になったという説も信じられる気がします。

南中国の広東や香港では雲呑（ワンタン）と表記され、福建など沿海地方や台湾では篇食（ビエンシー）とも呼ばれます。地域によっては、篇食という語が餃子を指すともいうので、事態はまさに混沌としていますね。

いずれにしても、餃子のように小麦粉に水を加えて皮を作るところから始まり、肉を中心とする具を入れて包み、最後はゆでてスープと一緒に食べるものです。ゆで餃子とは、形状よりもスープのあるなしが最も大きな違いだと言えます。上海などでは餃子同様、多少行事感のある夕飯になりますが、昔々の北京では、夜遅くに夜宵（夜食）として屋台で供され、たっぷりのスープに具のほとんどない姿でぷかぷか浮いていました。

日本のワンタンは、どんぶりの大きさ（大きすぎる！）を別にすれば、北京のワンタンに似ています。それが一二〇〇キロ南下した上海では、水餃子としても十分通用しそうな中身の充実度になります。さらに一二〇〇キロ南下した香港の、セントラル地区にある屋外エスカレーター脇（ウォン・カーワイ監督の『恋する惑星』でトニー・レオン演じる警察官が住んでいたアパートのすぐ近く）で、はじめて雲吞を食べたとき、受けたショックはなかなか忘れられるものではありません。具は豚肉とエビのミックスで、真っ白な皮の外側からもほんのりピンク色のエビが見えます。形はゴルフボールのように丸く大きく、まるでコロコロ太った赤ん坊のようなものが、いくつも碗にはいっていて、豊かさとはこのことではないか、と真剣に考え込んだほどです。

香港で雲吞はB級グルメの王者的存在です。そして、しばしば雲吞麵の形で供されます。

麺は細くて黄色く硬めの麺。小麦粉の生地にアヒルの卵を加え、竹の棒に体重をかけて押すことでコシを出す、広東特有の竹昇麵（ジョクシンミン）というものです。香港人のソウルフードといえば、この雲呑麵と叉焼飯（チャーシウファン）でまちがいないでしょう。

さて、またある年、大学のアジア映画ゼミで、香港映画の名作、ブルース・リー主演の『ドラゴン怒りの鉄拳』を見せたことがありました。舞台は二十世紀頭の清末、辛亥（しんがい）革命前夜の上海国際租界。カンフーの師匠を暗殺した犯人を突き止めるため、弟子役のブルース・リーが、電話修理人や屋台のワンタン麵屋などに次々と変装して、敵である日本人の道場に近づきます。

見終わってから、質問を募（つの）ると、先ほどとは別の上海人留学生が言うのです。「上海が舞台なのに、ワンタン麵の屋台はおかしくないですか」。私自身は上海人の友達の家で、一緒にワンタンを包んで食べた記憶が鮮明です。「上海でもワンタンは食べますよね」。すると彼女は答えたのです。「ワンタンは食べます。でも雲呑麵は広東料理でしょう。上海で屋台の雲呑麵屋はありえないと思います」。

日本人の学生たちは、何が何だかわからない様子。私自身はその場で初めて、ワンタンだけならば、紀元前から中国各地にある伝統的な食べ物だけれども、黄色い竹昇麵の上にゴルフボール大のエビワンタンを乗せた雲呑麵は、二十世紀の香港で形をなした、はっきりローカルな食べ物で、上海には存在しないのであると、ようやく理解するにいたったのでした。

包子の包

日本語と中国語のどちらでも使う漢字でありながら、使用頻度に大きな差が見られる場合があります。包という字はその代表です。日本語だと、よく使うのは包む、包装紙、包括的、包容力などでしょうか。しかし中国語で使われる範囲は何倍か広いのです。

日本語でも中国語でも、包の原義は「薄い紙や布などでものをつつむ」こと。中国語では、さらに、北方の主食である小麦粉の生地などで具を包む場合にもこの字を使います。したがって、日本語でならば「餃子を作る」「肉まんを作る」などというところを、中国語では「餃子を包む」「肉まんを包む」と表現します。

それればかりか、包んだ結果、出来上がった中華まんの類（たぐい）もまた、包子（バオズ）と呼ばれたり、具材の名を冠して、~包（バオ）と呼ばれたりするのです。ちなみに具のない中華まんの名称は饅頭（マントウ）です。

豚肉を包んだ包子は肉包子（ローバオズ）。鶏肉を包めば鶏包（ジーバオ）。野菜を包めば菜包（ツァイバオ）。小豆あんを包めば豆沙包（ドウシャバオ）。叉焼を包めば叉焼包（チャシャオバオ）。蓮の実のあんを包むと蓮蓉包（リエンロンバオ）。かぼちゃを入れた南瓜包（ナングワバオ）。

香港の点心にはカスタードクリームを入れた奶黄包（ナイホアンバオ）もあります。中に熱々のスープが入っているのは湯包（タンバオ）。その小型版が小籠包（シャオロンバオ）。日本で焼き小籠包と呼ばれているものは、生の状態から蒸すかわりに油で焼いて火を通すので、生煎包（ションジエンバオ）と呼ばれています。

中国各地にはさらに多様な包子があるわけですが、〜包と呼ばれるものの中には、中華まん以外のジャンルに属するものも多くあり、その大部分はカバン類です。もともと布で荷物や所持品を風呂敷包のように包んで運んでいた時代から、内容物の大きさや性質によって、さまざまな種類に分かれ、特化し、商品化されていったためでしょう。

ただ単に包包（バオバオ）といえばバッグのこと。銭包（チエンバオ）といえば財布。零銭包（リンチエンバオ）なら小銭入れ。書包（シューバオ）は学校用カバン。公文包（ゴンウェンバオ）はビジネス用カバン。背包（ベイバオ）は文字通りバックパック。引いて進むキャリーケースは拖包（トゥオバオ）。旅行カバンは旅行包（リュイシンバオ）。ショッピングバッグは購物包（ゴウウーバオ）。皮製だったら皮包（ピーバオ）。キャンバス地ならば帆布包（ファンブーバオ）。ボストンバッグは波士頓（ボーシードゥン）（ボストンの中国語表記）包（バオ）です。持ち運びができるというところから転じたのでしょうか、モンゴル人の移動用テントのことを蒙古包（モングーバオ）と呼んだりもします。さらに包頭（バオトウ）は内モンゴル自治区にある市の名称。小さいものでは、日本の熨斗袋（のしぶくろ）にあたり、お祝い金を包む赤い封筒が紅包（ホンバオ）と呼ばれます。一方、沙包（シャーバオ）はボクシングの練習で使うサンドバッグのことです。

包の字には、包む以外にも動詞としての用法があり、承包（チョンバオ）といえば、仕事を請け負うこと。全体を借り切るという意味から、包房（バオファン）といえば個室、貸切りの部屋。包船（バオチュアン）といえば貸切りの船。包機（バオジー）は貸切りの飛行機。大きな風呂敷を広げ、まとめて引き受ける、というニュアンスが包の字にはあるのです。よって、一切合切教えるという意味で、包教（バオジャオ）といえば全科目対応の学習塾。包医（バオイー）といえば全診療科対応の総合病院。包工（バオゴン）は全ての工程を自社で引き受ける完全自社製造という意味になります。

　中華まんにもカバンにも、包の字自体にも、何ら落ち度はないのですが、なぜか包という語はまた、人を罵る言葉としても使われるのです。カバンすなわち中身がない、ということからの連想でしょうか。

　ネット上では、他人からやられても、手も足も出せない弱虫を包子（バオズ）と言うようです。より伝統的には、土包子（トゥバオズ）と言えば田舎者。草包（ツアオバオ）と言うと、稲藁などから作った簡易な袋のことで、役立たずな人を指します。そのバリエーションとして、熊包（ションバオ）、膿包（ノンバオ）という言い方もあります。後者は日本語で水ぶくれを意味する膿疱（のうほう）や出来物（できもの）を意味する嚢胞（のうほう）と共通する語感がはっきりあるので、つまりは膿（うみ）ということですね。

　小声で付け足すと、某国の某政治家は、最初クマのプーさんに似ていると噂されましたが、そのような表現が禁止されると、今度はなぜか包子と呼ばれるようになりました。包子という表現のすぐれた点は、これが中華まんを指すのか、カバンを指すのか、あるいは草袋を指すのか瞬時には判断できないことです。そういう意味では、クマのプーさん呼ばわりと共通する頭脳プレー的な感じがします。

第三章　酸・甜・苦・辣

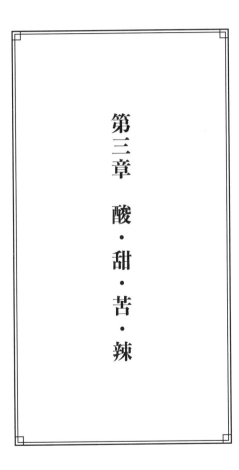

ラー油のラー

ラー油のラーは辣椒（唐辛子）のラー。漢字にすると辣油です。小さなボトル入りの赤い液体は、日本の中華屋さんでは必ず見かけるものですが、中国料理圏で見かけることは、それほど多くありません。

中華圏で食堂のテーブルの上に置かれるのは、一般的に、醤油、酢、そして辣椒醤です。これは乾燥唐辛子（鷹の爪）を砕いたものに、ニンニク、生姜、砂糖、塩、酢、油などを加えて作られたペーストで、豆板醤とは違い、そら豆や大豆から作った「味噌」ではありません。見かけは焼肉屋さんのコチュジャンに似ていて、やや大きめの容器に入っています。

日本語では「辛い」と一言で表現するところを、中国語では、唐辛子の辛さを「辣」、花椒の辛さを「麻」と言い分けるわけですが、中国語の辣に生姜や胡椒の辛さが含まれるかどうかは、微妙な感じです。辞書によれば、辣とは「生姜、ネギ、唐辛子など刺激物の味」とのことですが、現実には台湾でも北京でも、レストランで「不要辣的（辛味抜きで)」と頼んだはずなのに、炒め物やチャーハンに大量の生姜や胡椒が投入されて出てきた経験があります。そのため、唐辛子以外は「辣(ラー)」と認めない一派が存在するものと考えられるのです。そして、それは辣椒がすなわち唐辛子という意味だからでしょう。

とはいえ、かつて一九八〇年代の北京で酸辣湯(スワンラータン)を注文すると、供されるのは全体に白っぽくて、唐辛子は入らず、胡椒のみをたっぷり効かせた酸っぱいスープだったことは今でもはっきりと記憶しています。その頃、北京で唐辛子入りのものを食べたければ、四川料理か朝鮮料理の店に行くしかありませんでした。辛味たっぷりの真っ赤なスープに牛肉の塊が浮かんだ蘭州牛肉麺の店がたくさん開かれたのは九〇年代以降です。

北京では酸辣湯にさえ唐辛子が入っていなかった頃、北に向かってたどりついた遼寧(りょうねい)省は瀋陽(しんよう)の焼肉屋さんで見た景色を忘れることができません。瀋陽は北朝鮮国境に近く、中国籍の朝鮮族なのか、それとも北朝鮮から来た人なのか、いずれにしても朝鮮語を話す人たちが、焼肉店をたくさん営んでいました。

春節(旧正月)で学校が休みになった時期だったでしょうか。東北地方では最も南に位置する瀋陽でも凍えるような寒さで、店の中に冷気が入り込まないよう、入り口には布団のように分厚い幕がかけられていました。暖気を中に閉じ込めるための、その布団のようなものを、中国語では暖簾(ヌワンリエン)と呼ぶのだと知って、日本の暖簾(のれん)のあの薄っぺらさを冗談のように思い起こしたものです。薄暗い店内では、各テーブルに七輪が置かれて、炭が赤々と燃えていました。その上で牛肉を焼いて食べるのです。

テーブルの隅には、定番の醤油、酢に加え、砂糖、胡麻油、そして大きな壺にたっぷりと粉唐辛子が入っていました。他のお客たちの様子を見ると、自分の皿に好きな量の醤油、酢、砂糖、胡麻油、そして粉唐辛子を取り、焼いた肉にまぶして食べています。

それまで日本で、瓶入りの「焼肉のタレ」以外口にしたことのなかった留学生にとって、それは目からウロコが落ちるような経験でした。他の客をまね、自分で調合したタレに焼いた肉をつけて食べてみると、そこまで二十年あまりの人生では味わったことのなかった、新鮮で爽やかな味がしました。ほとんどの食品に共通して言えることですが、保存料の入らない、新鮮な食べ物は美味しいのです。以来今日まで、家で焼肉を食べる際には、瀋陽式に、醤油、酢、砂糖、胡麻油、唐辛子粉を調合することにしています。

同じ理屈だと思いますが、中国の人たちがどんな辣椒醤（ラージャオジャン）を食べているかとネットで調べてみると、まずは家で調合する際のレシピがたくさん上がってきます。香辛料の場合は特に、辛味が飛んでしまってはつまらないので、食いしん坊たちは家で新鮮なタレをこしらえて食べようとするのでしょう。そして中には、油の比率が高いものをこしらえて、日本のラー油のように仕上げる人もいます。この場合は辣椒油（ラージャオヨウ）という名称になります。

　辛味の本場、四川省では辣椒油をその名も紅油（ホンヨウ）と呼ぶことが多く、ゆでたワンタンにまぶした紅油抄手（ホンヨウチャオショウ）も名物です。自分で紅油を作る場合には、主材料の乾燥唐辛子だけでも、紅椒（ホンジャオ）や指天椒（ズーティエンジャオ）を始めとしてたくさんの種類があるところから好みのものを選び、砕いてステンレスなどの容器に入れておきます。次に、熱した油に花椒、生姜、八角などの異なるスパイスを投入して加熱、最後に容器に注ぎ入れて唐辛子と混ぜる、という手順です。ラー油も焼肉のタレも既製品を買うのが一般的な日本人の食生活と、大きく異なっていることは間違いありませんね。

酸菜の酸

昔々、一九六〇、七〇年代の東京では、朝、新聞配達のほかに、牛乳の配達も行われていました。二〇〇ccのガラス瓶に入った牛乳を、郵便ポストのように、各戸の外に置かれた小さな専用の木箱の中に入れていくのです。牛乳瓶のガラスは厚ぼったく、当時、度の強い近視メガネのレンズについて、よく「牛乳瓶の底みたい」という言い方をしたものです。

その後、八〇年代に北京に留学すると、日常的な飲み物としては、牛乳ではなく、ヨーグルトが普及し、各戸に配達されていました。ガラスではなく、白くて厚ぼったい陶器の入れ物にヨーグルトが入っていて、上から紙をかぶせて蓋にし、太いストローを指して飲むのです。中国語で酸奶（スワンナイ）と呼ばれていました。すっぱいミルクという意味です。

酸甜苦辣（スワンティエンクーラー）とは、中国語でさまざまな味のこと。酸っぱい、甘い、苦い、辛い。人生で味わう経験や感情の総和としても、同じ表現を使います。そして、そのうち酸の占める割合が、中国では日本よりも高いように感じられるのです。

中国語を習い始めてまだ日も浅い頃、先生から「山西省(さんせい)はお酢が有名です。山西省ではほとんどの料理に酢を入れるのです」と聞いたことがありました。日本だと、どこどこの醤油が有名、味噌が有名、塩が有名あたりまでは聞くこともありますが、酢が有名という話はあまり聞きません。そのため「山西省はお酢が有名」という言い回しは、ちょっと不思議な感じで耳に響き、記憶に残りました。ところが、中国に行くと、実際、日本に比べて、酢の存在感が強いのです。

たとえば、食堂のテーブルの片隅に、日本で置かれているのは、醤油、塩、胡椒が定番です。ところが、中国だと醤油、酢、辣椒醤(ラージャオジャン)が定番で、しかも酢の色が多くの場合、濃茶(こいちゃ)や黒なために、なめてみないことには、醤油との区別がつきません。

さらに、水餃子などを食べる際、日本では醤油に酢やラー油を足すのが一般的ですが、北京だと黒っぽい酢だけをつけて食べる人が圧倒的に多いのです。まれに、脇に置かれた生のニンニクをまるごとかじっている人もいます。餃子の中身にはニンニクが入っていないためです。これが上海の小籠包になると、針生姜とともにつける酢は鎮江香醋(ジェンジャンシャンツウ)と呼ばれる褐色のお酢で、時には赤くて薄い色が美しい紅醋(ホンツウ)に出会うこともあります。

中国で四大名醋（＝酢）といえば、八年寝かせるという山西省の陳醋(チェンツウ)（陳は古いの意）、江蘇省の鎮江香醋、四川省の保寧醋(バオニンツウ)、福建省の永春老醋(ヨンチュンラオツウ)と相場が決まっています。中でも山西省のお酢はやはり群を抜いて有名です。聞くところによると、地元の土や水のアルカリ度が高く、中和するために酸性のものを摂取する必要があるのだとか。そのため、料理に酢を多用するばかりか、食前食後に大さじ三杯ずつ酢を飲む習慣の人もいるそうです。

　こうした背景があってのことでしょうが、中国語には酢を使った慣用句が多くあります。半瓶醋（バンピンツウ）と言えば「瓶に半分だけ入った酢」で、半人前のこと。吃醋（チーツウ）、「酢を食う」と言えばやきもちをやくこと。酸味が切なさの表現に使われるのは、日本でも「初恋はレモンの味」などと言われるのと通じるものがあるようです。

　酢の字に酒のつくりが入っているように、酢もまた、穀類から作る発酵食品です。そのためお酒と同じように、何年間も寝かせたビンテージものが珍重されます。山西省の陳醋（チエンツウ）はまさにその古さを強調した名前です。

　北京で牛乳のかわりにヨーグルトが飲まれるのも、美味しくて、中に含まれる乳酸菌が体によいという面と、流通過程で腐敗しにくいという面、二つの利点を兼ね備えているからです。酸味の価値が食文化の中で正しく理解されている印象ですね。料理に関しても、昨今日本でもおなじみとなった酸辣湯（スワンラータン）や、酢豚、白菜を炒めて白酢や砂糖のあんでとじた酸溜白菜（スワンリウバイツァイ）、黒酢を隠し味にするもやし炒めの炒芽菜（チャオヤーツァイ）など、酢を使った料理はたくさんあります。

お酢やヨーグルトは店で買うものですが、家でも作ることができる酸味を持つ食品といえば、白菜などの葉物を塩漬け発酵させたもの。日本でも、牛乳配達が各戸を回っていたころは、冬になると玄関先に白菜を山積みしている家が少なくありませんでした。軽く日に干してから、樽につめて塩を振り、重石を乗せて漬けるのです。数日後には美味しい塩漬けが出来上がりますが、さらに長く置くと、酸味の強い古漬けになりました。

思えば、北京の団地の入り口などにも、同様に白菜が山積みされていました。当時は自分で料理をする習慣がなかったため、しゃぶしゃぶなどの鍋料理や炒め物に使う以外、どうしているのかまで考えたことがありませんでした。しかし、改めて考えてみれば、あの大量の白菜をそのまま長く置いておくことはできなかったはずです。場所をとるだけでなく、北京は気温が低すぎて、水分の多い野菜は凍ってしまうからです。ネットで検索してみると、やはり塩漬けされていました。白菜、樽、重石は、そのための三点セットのようなもので、特に冬が長い東北地方では冬の風物詩だったようです。

そのようにして作られた白菜漬けが北京の有名料理に使われていると気づくのに、うかつなことに、長い月日がかかってしまいました。旧北京城内の西四（シースウ）に砂鍋居（シャグオジュイ）という土鍋料理の専門店があり、冬の時期に北京に行くと、毎回必ずそこで看板料理の砂鍋白肉（シャグオバイロー）を頼んでいたにもかかわらずです。それは土鍋の中に、豚バラ肉を塊のままゆでた白肉（バイロー）を冷ましてから薄切りにしたものをぎっしりとつめた鍋料理で、薄味でありながらうまみの強い、まさに名菜と呼ぶにふさわしい料理です。

ある時、北京から遠く離れた台北の有名店で、中国北方料理だという酸菜鍋（スワンツァイグオ）を食べる機会がありました。それが北京の砂鍋白肉とほぼ同じものだったのです。砂鍋白肉の旨味は、なんと土鍋の底に酸菜と呼ばれる白菜の古漬けを入れることで得られていたのですね。亜熱帯の台北で、たとえ昔のことであれ、冬に大量の白菜を塩漬けする習慣があったとは到底思えません。酸菜鍋は第二次世界大戦後、国民党軍の一員として台湾に渡った中国北方出身の兵士が、故郷の味を懐かしんで売り出したものだったのでしょう。その店の創立は、国共内戦が停戦状態になり、中華人民共和国が成立した一九四九年と明記されていました。

昔、夏によく食べた大きなスイカ同様、冬になると売り出される大きな白菜も、昨今の食生活や核家族のサイズからすると、買うのは気が重く感じていました。それがある時、冷蔵庫に入れられるサイズで白菜の塩漬けを作ってみたところ、単に保存がきくだけでなく、魔法のように風味が増すことに気づいたのです。

作り方はこうです。白菜の葉を大きめに切り、塩をまぶして、ジップロックに詰め、冷蔵庫に入れる。それだけ。塩の割合は白菜の重さの三パーセントくらい。普通のジップロックいっぱいの白菜で小さじ半分ほどです。二、三日しても、水分が出ていないようであれば、もう少し塩を足し、袋の上からぎゅっぎゅっと揉んでください。そのうち、くったりしてくるでしょう。それをそのまま刻んで皿に出せば、日本風の白菜漬けです。柚子の皮でも細切りにして振りかけたら、かなり立派に見えますよ。

さらに袋に残った白菜漬け。これが砂鍋白肉（酸菜鍋）に欠かせない材料となるのです。白菜は軽く刻み、乳酸菌たっぷりの漬け汁も大事に使います。土鍋の底で、小さく切った生姜とネギ（余裕があれば、さらに椎茸と干しエビ）を炒めます。そこに白菜漬けを投入して、さらに炒めます。真ん中に春雨をひと玉、乾燥したままの状態で置きましょう。上に豚のバラ肉を敷き詰めます。本来は回鍋肉のように、一度塊のままゆでたもの（白肉）を薄切りにして乗せますが、薄切りのバラ肉を生のまま乗せても十分おいしくできます。白菜の漬け汁を掛け回し、肉をゆでたスープがあればスープを、なければ白菜が焦げない程度に、お湯を少々鍋肌から入れて蓋をし、弱火〜中火で三十分ほど煮てください（味見して、塩気が強ければ、お湯を足します）。

一体この旨味はどこから来るのか、と考え込まずにはいられないほどの美味しさです。それはつまり、白菜漬けが酸菜となる過程で生まれた、乳酸菌の作用ということなのでしょう。ジップロックに入れ、冷蔵庫に置いておいた時間はせいぜい数日だけなのに、です。

調べてみると、中国料理には、酸菜鍋のほかに、鯉などの川魚を煮る酸菜魚（スワンツァイユィ）、餃子の具として豚肉と合わせる酸菜餃子（スワンツァイジャオズ）、豚肉・唐辛子とともに炒める辣子酸菜（ラーズスワンツァイ）など、いくつもの応用料理が存在しているのでした。また、華南でいう酸菜は、白菜ではなく、芥子菜（からしな）や油菜を材料に用いていて、その漬物は、すなわち日本でいう高菜漬けの仲間に当たります。

　といったような経験をへまして、これを酸甜苦辣（スワンティエンクーラー）のうちに数え上げるのはいかにも大げさではありますが、なるほど酸味は単にpHの数値が酸性であるというばかりでなく、そこに魔法を起こす発酵過程がおのずと存在しているがゆえの旨味であったかと、四十年目くらいに、ようやく思い至ったわけです。これを中国語で、「活到老学到老（フオダオラオシュエダオラオ）」（生きている限り学びがある）と言うのだと、身に染みて理解できるのもまた齢をとったおかげだと考えれば、別に若き日を懐かしんで、酸っぱい思いをする必要はないのかも、しれませんね。

そして、酢豚

日本で定着している中華料理の名称にはいくつかのパターンがあります。まずは青椒肉絲や麻婆豆腐、担担麺のように中国語の名称がそのまま伝わっているもの。次に餃子、焼売、ワンタンのように、北や南の方言音で伝わり、定着しているもの。さらにはエビチリ、天津飯のように、厳密に言うと中国には存在せず、名称も日本でつけられた日本風中華料理。そして、酢豚です。

酢豚という料理名は日本語ですが、主材料としての豚肉と味つけの酸っぱさという特徴が一度に伝わる点で、わかりやすく覚えやすい、優れた名称だと言うことができます。他に同種の命名例としては、焼きそばがあります。かつて同様に焼き飯と呼ばれていた料理が、いつからか中国語の炒飯（チャオファン）に近似したチャーハンへと名前を変えたあとも、焼きそばは炒麺（チャオミエン）に変わることなく、日本語名称を保ったままで今日に至っています。

酢豚の原型となった中国料理は、一般に広東料理に分類される咕咾肉（グウラオロー）または咕嚕肉（グウルウロー）だと考えられています。両者は同じものを指し、二種類の名称いずれもが、最初の二つの漢字に口偏を伴っていることから、ある種の擬声語、擬態語に当て字した命名だろうと想像できます。中国語圏では、咕咾(グウラオ)や咕嚕(グウルウ)は、美味しそうな匂いに思わず唾(つば)をごっくんと飲み込む、その「ごっくん」を表した言葉だと説明されています。

この料理の作り方は、角切りにした豚肉に醤油や卵などで下味をつけてから、片栗粉をまぶしてしっかりと揚げておき、別にピーマンとパイナップルを炒めたところへ、甘酸っぱくとろみのついたソースを加え、全体をまとめて仕上げるというものです。ソースの材料となる調味料は、トマトケチャップ、酢、醤油、塩、砂糖、水溶き片栗粉。材料中のパイナップルとトマトケチャップが外来食品であることから、これはイギリス統治下の香港か、十九世紀に中国人移民が建設労働者として渡航した先、アメリカのチャイナタウンで生まれた料理だといわれます。

とはいえ、この味つけは、通常「糖醋(タンツウ)」(砂糖+酢=甘酢)と呼ばれ、中国料理の基本的なソースの一つなのです。トマトケチャップを入れるバージョンと、入れない代わりに酢(黒酢)と砂糖を多くするバージョンが見うけられます。

実際、酢豚同様に豚肉を主材料とし、定着した名前を持つ甘酢あん料理だけでも、ヒレ肉を短冊切りにして使い、仕上げに白胡麻をふる糖醋里脊(タンツウリージ)、小さく切ったスペアリブを用いる糖醋小排(タンツウシャオパイ)、東北地方ハルビン発でロシア人が好んだと言い伝えられる鍋包肉(グオバオロウ)などをあげることができます。

ほかにも、名称に糖醋の二文字を含む料理名をネットで検索してみると、鯉の丸揚げから、太刀魚の切り身、一口大に切った白身魚、エビ、肉団子、ラムチョップ、豆腐の薄切り、賽（さい）の目蓮根（れんこん）、棒状茄子（なす）、そして目玉焼きまで、ありとあらゆる食材を用いた糖醋味の料理が、容易に一〇〇種類は上がってきます。食材をぱりぱりの衣揚げにしてから甘酢あんをからめれば、誰もが大喜びして、「咕咾咕咾」あるいは「咕嚕咕嚕」と唾を飲み込むおいしい料理が出来上がる、というわけです。

さらに英語圏でも、チャイニーズレストランのメニューには、必ずやスイート・アンド・サワー・ポークが載っているはずです。あるいはスイート・アンド・サワーという大枠の中に、ポークやチキン、ベジタリアン向けのビーンカード（豆腐）、ロータスルート（蓮根）などが挙げられているかもしれません。

したがって、日本の中華料理店で供される酢豚に、パイナップルが入っていてもいなくても、ケチャップの代わりに黒酢が使われていてもいなくても、中国料理の伝統に照らして、特に問題はありません。そもそも、なぜパイナップルが入っているのかといえば、もともとは広東地方の泡菜（パオツァイ）と呼ばれる甘口ピクルスを使用していたのが、次第にいつでもどこでも手に入りやすい缶詰のパインで代用するようになったのだということです。もう一つ付け加えるなら、炒め物にケチャップは、もう半世紀以上前から、中国でも定番の味つけとなっています。

甘い沙、糊、泥

てっきり純日本的なものかと思いきや、中国文化圏でも当たり前に食べられているもの。その一つが小豆あんやお汁粉です。中国語で小豆は紅豆（ホンドウ）、お汁粉は紅豆湯（ホンドウタン）、小豆あんは紅豆沙（ホンドウシャ）、あんまんは豆沙包（ドウシャバオ）、あんぱんは豆沙麵包（ドウシャミエンバオ）、と言います。

そして、和菓子の場合、小豆あんの次にポピュラーなのは白隠元豆（しろいんげんまめ）を用いた白あんですが、中国圏では緑豆（りょくとう）あんになります。この緑豆、日本ではもやしや春雨の材料という認識ですが、中国圏だと緑豆湯（リュイドウタン）は食後や暑い日のデザートの定番なのです（湯（タン）の字は塩味のスープだけでなく、温かくて甘いデザートにも使います）。

それにしても、豆をつぶして作ったあんこを「沙（シャ）」と呼ぶのは不思議な気がします。中国語の「沙」はいわゆる砂のこと。「砂」と言うと、より粒の大きい砂利を指すようです。ざらっとした舌触りのことを「沙」と表現するわけなので、豆沙は豆の皮を残したつぶあんです。日本でいうこしあんは「澄沙（ドンシャ）」と言います。河瀬直美監督、樹木希林（きききりん）主演で、海外の映画祭でも高く評価された『あん』の中国語タイトルは『澄沙之味（ドンシャズウェイ）』。どらやき用のあんこを作るのがとても上手な女性の話でした。

　あんこ＝豆沙という呼び名が普通に受けいれられてきたところに、新しい種類のデザートが登場しました。沙冰（シャービン）、冰沙（ビンシャ）です。冰は氷のこと。氷を使ったデザートとしては、すでにかき氷（刨冰（バオビン））やアイスキャンディー（冰棍（ビングン））などがありましたが、その後に売られるようになったシャーベット、あるいはスムージー的なものに、沙冰や冰沙という名称が使われ始めたのです。偶然、シャーベットにもスムージーにもSの音が入っていて、沙の字のシャという音と響き合う感じがあります。

　そして、沙（すな）ばかりではなく、中国語のデザートには糊（のり）もあります。芝麻糊（ジーマーフー）といえば胡麻汁粉のこと。胡麻は中国医学的にも健康に大変よいとされているので、堂々と胸を張って食べられるデザートです。作り方は黒胡麻と米、餅米、砂糖を煮てミキサーにかけるか、あるいは先に材料を全て炒めて粉砕しておき、食べる時にお湯で溶かします。確かに、小豆のお汁粉にはないとろみがつくので、糊（フー）と呼ばれるわけもわかる気がします。胡麻汁粉にはまた、山芋を加えた山薬芝麻糊（シャンヤオジーマーフー）やピーナッツを加えた花生芝麻糊（ホアションジーマーフー）などのバリエーションもあります。

　レストランでもデザートメニューに糊の一種、核桃糊（フータオフー）を見つけることがあります。こちらは胡桃（くるみ）を細かく砕いたところに砂糖を加え、お湯で煮たものです。米を加えることで、より粘りを強く出したタイプもあります。面白いのは、民間版漢方に「足りないものは食べて補う」（吃～補～）という考え方があり、たとえば、食事の際にレバーを摂（と）って弱った肝臓を補ったりする（吃肝補肝（チーガンプーガン））わけですが、胡桃は形が脳みそに似ていることから、頭が足りない人に食べさせると効果があるといわれていること（吃脳補脳（チーナオプーナオ））です。

沙とか糊とか、ネーミングはやや優雅さを欠きますが、スイーツが古くから食生活の中に溶け込んでいるために、美味しくて体に良いものを抵抗なく摂れるのは大変素晴らしい伝統です。そして沙や糊に慣れていれば、泥（どろ）が出たところで、それほど驚かずにすむのではないでしょうか。

棗（なつめ）は中国語圏で高く評価されている果物で、生でも食べますが、干したもののほうがより一般的です。漢方薬材として使われるほど、滋養強壮に効き目があるとされています。人気女優だったヴィッキー・チャオが主演した『最愛の子』という映画で、彼女演じるところの農家の妻が、都会の弁護士に助けを求めるため、避けられても、罵られても、手渡そうとしたのが大袋入りの乾燥棗でした。

その棗が、しばしばあんのような質感の泥（ニー）になって登場するのですが、これは高級な泥です。乾燥棗をよく洗い、調理ハサミで種を取ります。水を加えて実を柔らかくなるまで煮たら、フードプロセッサーでペースト状にします。それを鍋にあけ、餅米粉、砂糖、最後に油を加えて半時間ほど炒め続けます。そうすると、濃密なジャムというよりはあんに似た質感の棗泥（ザオニー）が出来上がります。これであんまんを作ったり、自家製月餅（げっぺい）に入れる人もいるそうです。

沙と糊と泥。たしかに、それぞれ質感が異なるので、異なるネーミングとなることは理解できますが、それにしても、沙と糊と泥。しかも大体は甘いスイーツに関してそう呼ぶのです。

赤ちゃんの離乳食で、日本語だとトロトロ〜、〜豆腐、〜ペーストと呼ばれているものが、全部まとめて泥です。リンゴ泥、バナナ泥、南瓜泥（ナングワニー）、紫薯泥（ズーシュニー）などなど。それはつまりペースト状ということなので、大人向けでもマッシュドポテトは土豆泥（トゥードウニー）、大根おろしは蘿蔔泥（ルオボニー）です。

白酒、黄酒、紅酒

中国で最もたくさん飲まれているお酒はビール。最も売上高の多いお酒は白酒（バイジウ）です。ビールのことを中国語で啤酒（ピージウ）と言いますが、啤の字は二十世紀の初め、当時ドイツの租借地だった山東省の青島（チンダオ）で、ビール工場を建設するにあたり、ドイツ語のBierを音訳するために作られた新しい漢字です。近代初期の中国では、西洋から入ってくる新しい事物や概念を表現するために、多くの漢字が新たに作られたのでした。

中国語でコーヒーを咖啡（カーフェイ）、カレーを咖喱（ガーリー）と言いますが、どちらも当時新たに作られた単語です。日本で見かけない口偏の漢字は、多くの場合、音だけを表わす目的で作られたものなのです。むしろ、咖の字がコーヒーの中にもカレーの中にも出てくることで、次第にその単語が外来語であることを示す機能を持つにいたったとも言えます。ちなみに啡の字は、病院用語のモルヒネ（吗啡（マーフェイ）＝嗎啡）やエンドルフィン（内啡肽（ネイフェイタイ））、喱の字は食品のゼリー（啫喱（ジェリー））の音訳にも使われています。

さて、白酒です。中国の白酒は日本の『うれしいひなまつり』で歌われて右大臣の顔を赤くした白酒（しろざけ）とはまったく別物です。アルコール度数が四十度、五十度台の透明な蒸留酒で、一般に高粱（コーリャン）や麦類などから作られます。強いお酒であるため、中国語には烈酒（リエジウ）という呼び名もあります。同様にアルコール度数が高い焼酎やウォッカ、ジンなどと比べても、はっきり目立つ白酒の特徴として、常にストレートで飲まれることがあります。水や氷を加えると、風味が落ちるし、体に悪いと考えられているためです。

かつて国賓（こくひん）を迎える宴会で出されたことから有名になった貴州省の茅台酒（マオタイジウ）、高粱に米、小麦などを加えた、五種類の穀物から作られる四川省の五糧液（ウーリャンイエ）など、白酒の名酒は一本五〇〇cc入りで、日本円換算二万円を超える高級品となっており、高価で強い白酒が近年若い人たちから敬遠されているにもかかわらず、全体として売上高を伸ばしている一因だと考えられます。

一方、白酒の中には庶民の味方である安くて美味しいものもあり、北京の紅星二鍋頭（ホンシンアルグオトウ）（红星二锅头）はその代表的存在です。古くから北京にあった複数の醸造所を、一九四九年の中華人民共和国成立にともない、合併させて誕生した商品です。アルコール度数は、もともと六十五度でしたが、のちに五十六度に下げられて現在に至っています。発売当初から、庶民の酒として値段を安く抑えることが国の一貫した方針であるため、現在でも一本数百円で買えます。高級酒と比べたら二十分の一以下と破格です。

白酒は中国各地で作られているとはいえ、冬の気温が零下となる北京より北の地域で多く飲まれる傾向にあります。凍えるような寒さの中で、羊肉のしゃぶしゃぶを食べながら、烈酒を一気に流し込む食事は、サバイバルがかかっている分、生命そのものに力を与えてくれる感じがします。

一方、より温暖な気候の江南＝長江下流域では、アルコール度数が十五度前後とワインなみの黄酒が多く飲まれます。黄酒とは米や麦から作られる醸造酒で、黄色に近い琥珀色をしています。長く置くことで色味も風味も深まるところから、老酒という別名もあります。そのため、娘の誕生と同時に仕込んでおき、結婚のお祝いで甕を開く「女児紅」という習慣も生まれました。紅はここではお祝いの意味。数ある黄酒のうち、最も有名なのが浙江省紹興で作られる紹興酒です。

紹興は文豪魯迅や女侠と讃えられた女性革命家秋瑾の故郷であり、運河が張り巡らされた水郷としても知られ、さらに有名な酒の産地でもあるために、観光客が絶えません。私も留学生時代に足をのばし、魯迅の小説『孔乙己』に出て来る咸亨酒店で一杯と定番おつまみの

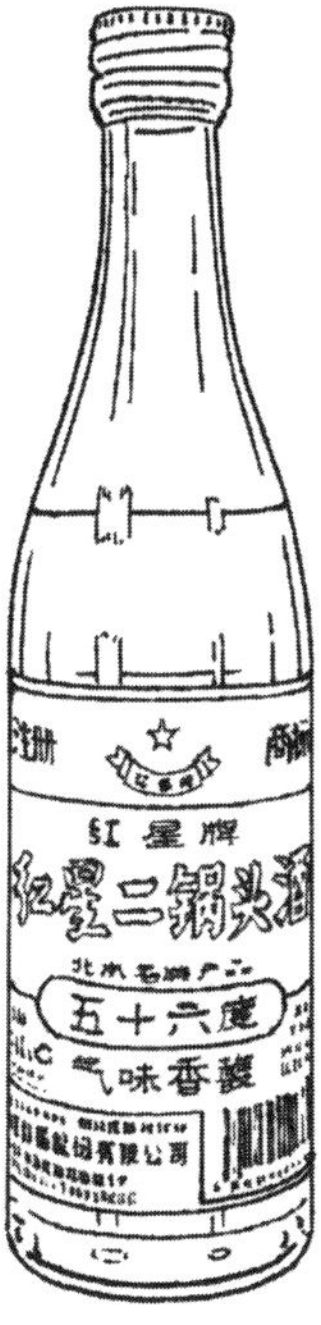

紅星二鍋頭の瓶

茴香豆（ウイキョウの香りをつけたソラマメ）を頼んだことがありました。現在ではすっかり都会化しましたが、当時はまだ田舎町の風情が残っていました。咸亨酒店を出たあとも、道の左右両側で店を開く紹興酒の屋台に誘われて、ついもう一杯もらいたくなるわけなのですが、その頃の中国では、酒や醬油を買うには、家から空き瓶を持参するのが常識。空き瓶の持ち合わせがない留学生旅人は、仕方なくディズニー模様の水筒に、紹興酒を二〇〇cc入れてもらい、すっかりいい気持ちで水郷を彷徨いつづけた記憶があります。

さて、白酒、黄酒ときたら次は紅酒。一九八〇年代頃から、中国産、ついで輸入ものが飲まれるようになり、一時は紹興酒や白酒のお株を奪うのではないかと思われましたが、それほどの勢いは続かず、都会のおしゃれな女性たちに愛飲されて現在に至っているのが、紅酒こと赤ワインです。

赤ワインがある以上、白ワインもあるわけですが、中国語圏では赤ワインの売り上げが九割を占めています。それほど人気が高いのは、赤という色におめでたい意味合いが備わっているためだと思われます。面白いのは、なぜか中国語ではお酒の名に色がついてくること。紅酒の前には、主に香港や台湾人ビジネスマンの間で、白蘭地ことブランデーが流行した時期がありました。その高級品であるXOは、香港発の総合調味料XO醬に時代の刻印を残しています。

以上、古い歴史を持つ中国のお酒について語ってきましたが、世界の潮流は中国にも届いていて、若者たちはアルコール度数の高い飲み物を敬遠し、瓶入りのカクテルや果実酒、甘口のベルギー産白ビールなどが好みだと報じられています。伝統ある白酒や黄酒の行く末が、やや気になるところです。

第四章　季節の味

獅子の頭

獅子（しし）とはライオンのこと、麒麟（きりん）とはキリンビールのラベルに描かれた想像上の動物、または動物園にいる背が高く首の長い四本足の動物。日本語ではその通りなのですが、中国語だと、ちょっと事情が違うのです。獅子（シーズ）はライオンですが、麒麟（チーリン）はキリンとはならず、動物園にいる背の高い動物は長頸鹿（チャンジンルウ）という名称で呼ばれているのです。

もともと獅子も麒麟も、古代中国の想像上の動物でした。それも単なる動物ではなく、悪霊を追い払う力を持ち、太平の世に現れるという神獣。そのため、想像上の動物でありながら、どこかにいるのであれば、必ずや捕まえ、連れてきて、皇帝の徳を証明しなければならないと考えられていたのです。

キリンについての情報は、宋の時代までに、中国に伝わっていたといいます。明代になると、コロンブスの「新大陸」発見にさきがけて、永楽帝がイスラム教徒で宦官の鄭和（ていわ）に命じ、東シナ海から南シナ海、マラッカ海峡を抜けてインド洋を渡り、アラビア半島沿岸を経由してアフリカ大陸東岸を目指す航海を合計七回も行わせています。沿海の各地に絹や陶器をはじめとする中国の特産品をもたらし、朝貢（ちょうこう）という形式での外交と貿易を求めたのです。

それにしても七回とはずいぶんな頻度だという印象ですが、ある中国の研究者によれば、途中からは伝説上の麒麟を探し出すことが目的になったのではないかとのこと。そして実際にも、後に長頸鹿（チャンジンルー）と呼ばれることになるキリンが、遠路船で運ばれて、永楽帝を喜ばせたらしいのです。それというのもキリンは、伝説上の麒麟が持つという「鹿の身体、馬の蹄（ひづめ）、牛の尾、馬の頭」を備えていたためです。残念ながら、長すぎる首がネックとなり、後に「キリンは麒麟ではない」と判断されるに至ったそうです。

マレーシア半島部の世界遺産都市マラッカは、その当時の大貿易港で、北東方向からは中国船や琉球船が、西方向からはインド、アラビア商人の船が、少し後になるとポルトガルの南蛮船やオランダ商船もやってきました。そこには現在鄭和記念館が建てられていて、中に鄭和の船を模倣した展示があり、キリンが船で運ばれた様子も示されています。

一方の獅子はというと、本物のライオンが、東漢時代といいますから、西暦一〜三世紀には西域、後のシルクロードを通って中国にもたらされたといいます。同じ神獣であっても、その実在が当初から確認されていたため、鄭和による麒麟捜索のような事態にはならず、唐の頃にはすでに民間にまで厄除けのシンボルとして広がっていたそうです。

中国では今日でも宮殿跡、寺社、橋、庭園、墓地など、さまざまな場所に、魔除け厄除けと装飾を兼ねて石の獅子像が、しばしば対をなして置かれています。また旧正月になると、各地で獅子舞が行われもします。そうした獅子は実物のライオンとは似ても似つかぬ姿ですが、一般に両者は同じものであると認識され、麒麟から長頸鹿が分離したような事態は起きませんでした。

　麒麟も獅子も、早くから日本にそのイメージが伝わってきていたのに、なぜ、これは伝わってこなかったのかと残念でならないのが、江南地方の冬の有名料理、獅子頭（シーズトウ）（獅子头）です。ちなみに、江南とは長江下流域の主として浙江省、江蘇省などを指し、古代から経済的中心地として、より自然環境の厳しい首都北京など、国全体を支えて来た地域であり、同時に豊かさや文化の象徴にもなっています。

　日本だと、やはり正月に行われる獅子舞では、頭部を模した赤い被り物だけを道具として使い、首から下の部分は唐草模様の布でおおい隠します。そのために、獅子の頭を指して獅子頭（ししがしら）と呼ぶ言い方が定着しています。それに対し、中国圏における獅子舞の獅子は、南北で違いがあるとはいえ、どちらも体全体を黄色の衣装で包むため、頭部だけを指す呼び名は特にないのです。結果的に、日本語で獅子頭（ししがしら）といえば、獅子舞の道具やそれを真似た玩具などを指すのに対し、中国語で獅子頭（シーズトウ）と言うと、ほぼ例外なく上海料理の肉団子鍋の話になるのです。

肉団子は肉団子でも、百獣の王たる獅子の頭と呼ばれるだけはあり、大きさが通常の肉団子とは違います。ざっくり言って拳大、一人前のハンバーグサイズ、具体的には一個一〇〇グラムほどの大きな肉団子なのです。作り方は、豚ひき肉にネギ、生姜のみじん切り、塩、胡椒、醤油、紹興酒少々、生卵、つなぎの片栗粉などと水も少々加えてよく練り、

獅子頭

ふんわりとやわらかく、ソフトボールほどの大きさを持つ肉団子に仕上げます。それに、醤油と水で濃いめに溶いた片栗粉液をまぶし、大きめのフライパンで外側だけこんがり、中国語でいう「黄金色（ホワンジンスー）」に焼けたら一度取り出します。

同じフライパンに、ざく切りした白菜を投入し、焦がさないよう、水を少々かけながら、肉の油をすべて染み込ませるように炒めます。次に、この炒まった白菜を水分ごと土鍋の底に敷き、その上に黄金色の獅子頭を置いて、最後に生の白菜をふんわりとかぶせます。塩ひとつま

みと醬油をちょっぴりかけ回したら蓋をして、弱火でじっくり煮ていきましょう。隠し味として、鍋の底に干しエビを少し散らすくらいはいいですが、あまり具を増やしすぎないほうが、本格的です。急いでいる場合は、中火で沸騰させたところで、一番小さな火にして四十分。余裕がある時は、小さめの火で最初から一時間ほど煮ていくと、肉団子の質感がよりふんわりと出来上がり、白菜のほうもよりくったりと煮上がります。

この肉団子鍋、難しいことはひとつもありません。最初は調理台が散らかる感じがしますが、土鍋に入れてしまえば、あとは片付け物をしながら待つだけ。堂々立派なメインディッシュが出来上がります。肉団子が美味しいのはもちろんのこと、白菜の食べ方としても指折り。太鼓判を押しておすすめします。煮汁をご飯にかけると食がどんどん進むのですが、獅子頭全体の味わいとしては水分を多くし過ぎないほうがよいので、何度か作ってみて、我が家の形を決めていただければと思います。

春巻の春

春巻(はるまき)は中国料理圏以外でも、日本、欧米、東南アジアなど各地で人気の料理。小麦粉を水で溶いて焼いた皮に肉や野菜の具を包んで揚げたもの、というのが通常の理解でしょう。それに対し、ベトナム式春巻の場合は、水に浸した米を挽き、蒸しあげたライスペーパーでエビやレタスなどの具を包み、そのまま食べる生春巻と、油で揚げる揚げ春巻の二種類あって……と単純に思っていたところ、話はそれほど簡単ではなく、春巻の世界は大変に広いのだということが徐々にわかってきました。

まず、春巻という名前の由来から。これはそもそも、古代の中国人が、長い冬を越して、ようやく訪れた春を祝うため、太陽をかたちどった丸い餅(ビン)（中国の餅は米の加工品ではなく、小麦粉の生地を焼いた薄いクレープ状の皮）に春の野菜を巻いて食べたのが始まりとのこと。唐代の杜甫(とほ)が読んだ詩に、立春と題して、「春日春盤細生菜」（立春祝いの皿に、細切りした生野菜を並べ……）から始まる作品があります。

以来二十世紀まで、中国北部では早春の頃、北京ダックを食す際の皮に似た「春餅(チュンビン)」を家で焼き、そこに様々なおかずを乗せて、手巻き寿司のようにして食べる習慣があったようです。具は野菜や肉などさまざまですが、芽吹きを表すもやしだけは絶対に外せないのだといいます。

春巻の皮は本来丸いものです。ロシアでも迎春の祭りマースレニツァに際しては、蕎麦粉や小麦粉の生地でブリヌイというクレープを焼き、サワークリームとさまざまな具を乗せて巻いては、各自頬張るのだとか。太陽の形ということもあるでしょうが、家でたくさん焼こうとすれば、フライパンと同じ円型に作るのが合理的です。

さて、広い中国では、行事も食事も地域と時代によってさまざまに異なります。満洲族の皇帝が中国を治めた清の末期、料理の最高峰として民間に広がった満漢全席（まんかんぜんせき）では、春巻がメニューの一角を占め、今日でも広東、香港地方の飲茶では、小ぶりに揚げた春巻が定番の点心となっています。とはいえ、春巻に最も情熱を傾けてきたのは、閩台（びんたい）（福建、台湾）地方の人々だと言い切ることができそうです。なぜなら、彼らの言葉である閩南（びんなん）語（いわゆる台湾語に近似）で春巻を指す「潤餅（ルンピア）」が、フィリピン、インドネシアから遠くヨーロッパのオランダ、ベルギーまで広がり、それぞれの土地に完全に根づいた食べ物となっているからです。

台湾は九州よりも小さな島ですが、異なる時代に中国大陸から渡ってきた移民たちの運んだ文化の違いによって、南部と北部では食べ物や習慣に差があります。それでも、行事食に潤餅(ルンピン)が欠かせないことに変わりはありません。

　最も代表的なのは、毎年の四月五日ごろ、一家で墓参に出かける清明節(せいめいせつ)の際、家で作って持参した潤餅を墓前で開き、一緒に食べる習慣です。中国語で墓参を「掃墓(サオムー)」と表現するのは、そこが普段からたびたび訪れる場所ではなく、清明節、旧暦七月十五日の中元節(ちゅうげんせつ)、同十月一日の寒衣節(かんいせつ)など年間で決まった日に、三回または四回だけ出かけるために、まずは周囲に生い茂った雑草を取り払う必要があるからです。伝統的な墓が、現在の公園墓地とは異なって、多くの場合、野山に築かれた土饅頭(つちまんじゅう)の形式だったことも一因でしょう。掃除とお参りを済ませたあと、親戚一同が祖先の墓前にそろい、ともに食事をする様は、四月のあたまという季節のためもあって、ちょっと花見にも似た雰囲気です。

　この日は伝統的に「踏青(ターチン)」といって、郊外の野山を歩き、緑の息吹に触れて生気を取り戻す日でもあります。古代の絵画だと、若い女性たちが、木に縄を吊るしたブランコで、高さを競う場面が描かれてもいます。人々が天に届こうと競い合うブランコや凧揚(たこあ)げは、「天人合一(てんじんごういつ)」を理想とする中国の伝統文化において、決して子どもだけの遊びではありません。揺れつ戻りつの浮遊感を楽しむという側面には、現代のジェットコースターに通じるものもあるようです。

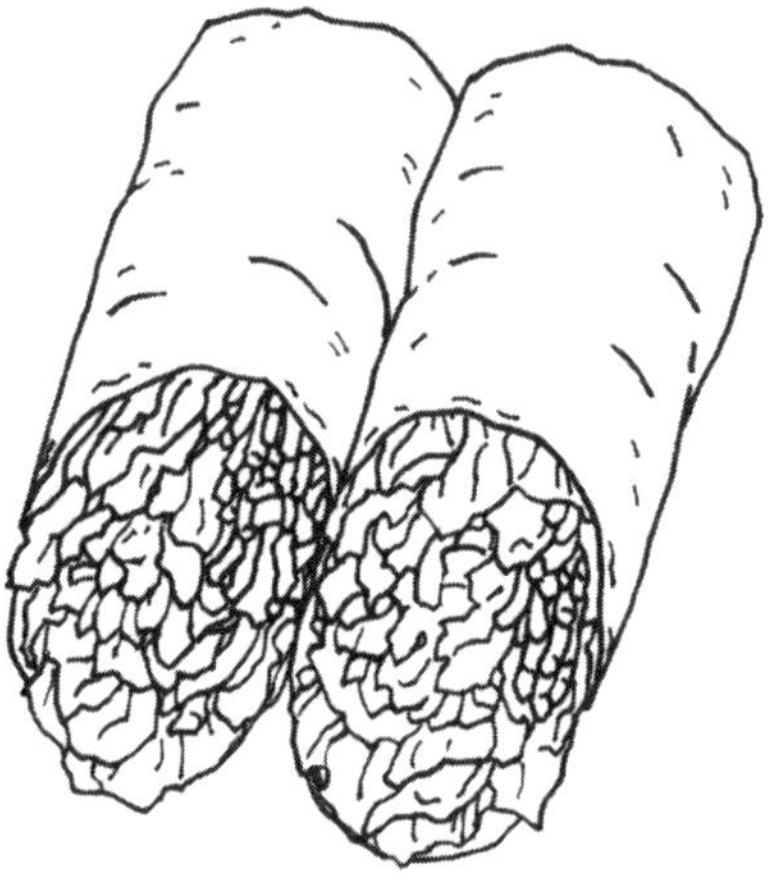

潤餅

漢民族は、伝統的に冷たい食べ物を忌避するため、日常的に弁当を持って出かける習慣はありませんでした。けれども、清明節の前夜だけは、古来かまどに火を起こさず、当日は前もって調理した冷たいものだけを食べる「寒食」をするという伝統があるのです。そうなった経緯として、春秋時代の介子推という人物にまつわるドラマチックな故事が語り継がれていますが、ややグロテスクなくだりが含まれるので、ここでは省略します。

「寒食」には日本のお節料理同様、普段台所を預かる主婦を、この時ばかりは仕事から解放するという意味もありそうです。春を祝う日ということで、清明節のほかにも、立春や旧暦三月三日上巳の節句、あるいは冬の終わりという意味合いから、冬至や旧暦年末の尾牙（閩台人が信仰する福徳正神の縁日）に潤餅を食べる習慣の地域や家庭もあります。

台湾の潤餅は水を大量に含んだ柔らかい生地を、高温に熱した鉄板の上で軽くひとなですると出来上がる、薄くて軽いものです。台北迪化街永楽市場の林良号が有名です。ロシアのブリヌイや北方の春餅（チュンビン）のように、厚みのあるものとは、皮自体から異なります。そこにカレー味で炒めあげたキャベツやもやしなどの野菜と、錦糸卵、焼肉の細切りなど、さらにピーナッツの粉、砂糖を加えて巻きます。確かにおいしい。けれども、これは春巻なのでしょうか。

「そうです、これが春巻です」と力強くうなずくのは南台湾の人々。北台湾のみなさんに尋ねると「それは潤餅で、揚げた物を春巻と呼び分けるのです」という答。潤餅と春巻の定義と区別については、それぞれが自分の文化的背景を根拠として、永遠に議論を続けられる模様です。

結論めいたことを言うならば、春巻は中国語圏全域で理解される単語で、日本同様、油で揚げた点心を指し、潤餅は限られた地域でのみ通用する閩南語です。とはいえ、漢字を解さない人々が多いフィリピン、インドネシア、マレーシア、さらにはインドネシア独立に際してアジアの植民地を失った旧宗主国オランダ、その隣国ベルギーなどにおいてすら、人々は様々な具をクレープで包んで揚げたルンピアという食品を、すでに外来のものと認識しないほど身近に感じているようです。彼らに、「これはアメリカ人がスプリングロールとかエッグロールとか呼んでプラムソースをつけて食べる中国料理の一種ですよ」と伝えたところで、それは「パンの発祥の地は古代エジプトだそうですよ」と言うのと同じくらい茫漠とした響きを持つのかもしれません。
端倪すべからざるかな、春巻。

西瓜の瓜

西瓜（シーグワ）、南瓜（ナングワ）、冬瓜（ドングワ）、絲瓜（スーグワ）、苦瓜（クーグワ）、黄瓜（ホワングワ）、甜瓜（ティエングワ）、哈密瓜（ハミグワ）。これを日本語にすると、スイカ、かぼちゃ、冬瓜（とうがん）、へちま、ゴーヤ、キュウリ、メロン、ハミメロン。

すべての語が、植物分類上の身分を示す「瓜」の字を共通して持つ中国語バージョンのほうが、ある種数式のように整然とした印象を与えるのに対し、日本語のほうは漢字、ひらがなにカタカナ、さらには英語からの外来語混じりで、その雑多さは、よく言えば奔放（ほんぽう）で楽しそう、悪く言うと混乱した印象を与えるのではないでしょうか。

へちまは日本だと沖縄以外で野菜として食べることは少ないかと思いますが、中華料理圏ではごく一般的な食材で、炒め物やスープにして食べます。加熱して調理すると、ややとろっとなる食感が少しズッキーニに似ています。ちなみにズッキーニを中国語では西葫芦（シーフール）（西洋ひょうたん）と呼んでいます。

中国語の瓜は、瓜科の瓜の仲間だけでなく、時に人間についても使われます。誰でも持っているのが脳袋瓜（ナオダイグワ）、これは頭のこと。そのため、頭の調子が悪い人のことを、傻瓜（シャーグワ）（傻は馬鹿の意）と呼ぶのです。この用法の瓜は、四川省の方言でよく使われるらしく、その場合は関西弁のアホにも似て、時に親愛の情を示すとのこと。名前の前に瓜（グワ）をつけ、瓜紅（グワホン）とか瓜傑（グワジエ）などと呼べば愛称になると中国版 Google の「百度百科（バイドゥバイクー）」には書かれていますが、実際に使用するかどうかは一度慎重に考えるようおすすめします。

瓜は中華料理の食材としても、あるいは中国語のボキャブラリーという意味でも、大変に身近で、よく出会う存在です。瓜の実を野菜や果物、あるいは薬として食べるだけでなく、瓜子（グワズ）といえばスイカの種のこと。これも南瓜子（ナングワズ）というとかぼちゃの種になり、葵瓜子（クイグワズ）といえば向日葵がひまわりを指すことから、ひまわりの種という意味です。ひまわりは人間同様、本来瓜の仲間ではありませんが、その種はスイカやかぼちゃの種同様、洗って干してから煎ると、お腹にはたまらず、口寂しさをまぎらわせ、一度食べ始めたら止まらない、理想的なおやつになるのです。さらに、海瓜子（ハイグワズ）といえば、日本語ではイヨスダレと呼ばれるらしいアサリにも似た二枚貝の一種で、台湾ではそれを炒めたものが海鮮料理屋の定番商品になっています。

瓜の中でも最も存在感が強いのはスイカのようで、瓜皮帽（グワピーマオ）というと、半分に切ったスイカの皮に似た帽子（キャップ）。明、清、中華民国時代に流行した男性用の帽子です。今でもチャイナタウンのお土産屋に行くと、後ろに辮髪（べんぱつ）状のおさげがついたおもちゃ版の瓜皮帽が売られていますね。もっとも瓜皮船（グワピーチュワン）というと、手漕ぎの簡易な船のこと。どうやらカヌーに似た形状の小舟を指すようなので、この場合は、瓜は瓜でもキュウリなど細長い瓜の皮ですね。

中国語で比喩に用いられる表現には、食べ物あるいは市場での売買などに関係する事柄が占める割合が高いようです。主食として最も大事な米も、さまざまな場面で登場します。大米（ダーミー）、小米（シャオミー）、玉米（ユイミー）、花生米（ホワションミー）、薏米（イーミー）、米糕（ミーガオ）、米粉（ミーフェン）、糯米（ヌオミー）、糯米紙（ヌオミーズ）。これを日本語にすると稲、粟（あわ）、トウモロコシ、南京豆、ハトムギ、おこわ、ビーフン、餅米、オブラートとなります。面白いのは、漢字、ひらがな、カタカナ、外来語まじりの日本語にすることで、実は米の字の行列の中に、稲以外の穀物の実もたくさん含まれていると判明することです。どうやら米という漢字は、稲に限らず、穀物全般も指すのだということがわかるでしょう。最後に置いた糯米紙は、餅米を煮てできた糊を薄く平らに広げて乾かすと、なるほどオブラートができるわけか、と文字を見るだけでその製造過程まで理解させるのは、さすがに表意文字である漢字の使用に長けた中国語だけのことはある、という気がします。

米はまた、小さい粒状の食べ物を指すのにも使われます。蝦米（シャーミー）というと、小エビを干した乾物の干しエビ。干していない小エビの場合は蝦仁（シャーレン）となりますが、この仁（レン）は植物の種の殻を剥いた中にある柔らかい部分を指す語です。梅干しの場合、天神様などと呼ばれる部分ですね。ほかに、松仁（ソンレン）、桃仁（タオレン）、杏仁（シンレン）など。杏仁はおなじみ杏仁豆腐の材料ですが、中華圏では咳止めの薬として定番の杏仁霜（シンレンシュワン）（パウダー）に、寒天などを加えてゼリー状に固めると、定番のデザートが出来上がるわけです。

　そういえばスイカにも薬としての用法があることを思い出しました。昔々、留学時代の夏休み、バスに揺られてシルクロードはタクラマカン砂漠を横断中、オアシスで売られているメロン（哈密瓜（ハミグワ））があまりに安くて甘く美味しくて、バスが停まるたびに一個ずつ食べていたところ、お腹の調子を崩してしまったのです。すると周囲の乗客たちが、「大丈夫だ。腹を壊したらスイカを食べればいい」と教えてくれ、そのアドバイスにしたがい、小玉スイカを一個たいらげると、本当にお腹の調子が回復したのです。その後はオアシスごとにメロン、スイカ、メロン、スイカと食べ続け、無事、留学生西遊記を続けることができたのでした。

ジャージャン麺のジャー

大学でさまざまな語学の先生たちを見ていると、どうしてもフランス語と中国語担当者の食いしん坊ぶりが目立ちます。言語は文化の一部で、食も文化の大事な一部ですから、食いしん坊な人が多い地域の言語を学ぶうちに、食いしん坊ぶりが身についてくるのは当然かもしれません。

自分自身を振り返っても、大学一年で使用した教科書の会話文に、北京式ジャージャン麺の作り方が出てきたことをよく覚えています。なにしろ、それが食べたい一心で、二年生の夏、北京での短期留学に出かけたのです。ところが当時の北京では、ジャージャン麺の店をみつけることが困難で、結局食べずじまいになりました。その分、数年ののちに、北京出身の友達の家で、手作りジャージャン麺をご馳走になった時の感激はなおさらでした。以来、自分でジャージャン麺を作って食べるようになり、今日に至っています。

現在の北京では老北京炸醤麺大王（ラオベイジンジャージャンミエンダーワン）などのチェーン店が多数展開していますから、店を見つけるのは易如翻掌（イールーファンジャン）、すなわち手のひらを返すほどに易（やさ）しいと言えます。さらに、ネット上でレシピや写真ばかりか、作り方の動画を見ることも容易になりました。中国語を勉強して本当によかったと心から感じる理由のひとつが、料理のレシピを読み、動画を見られることなのですから、食いしん坊も極まったものです。

さて、タンタンメンについては日本でも、漢字で担々麺と書かれることが珍しくありませんが、ジャージャン麺を炸醤麺と漢字で書くことはほとんどないようです。炸の字が日本語では一般的でないためでしょうか。

炸は油で揚げる、あるいは爆破するという意味です。炸弾（ジャーダン）といえば爆弾のこと。ジャージャン麺の炸は、油で揚げるの方ですが、その目的語が醤（ジャン）すなわち味噌ダレであるのは、日本語の感覚からすると不思議な気がします。

さまざまなレシピで作り方を見てみると、まずは豚のバラ肉を肉丁（ローディン）すなわち賽の目に切り、油を入れたフライパンで、しっかりと豚の油がにじみ出るまで炒めます。次は、ネギ、生姜を加えて一緒に炒め、調味料を加えます。甜麺醤（ティエンミエンジャン）と豆板醤（ドウバンジャン）、それに黄醤（ホワンジャン）すなわち日本の味噌にも似た豆味噌を混ぜ合わせ、少量の水で溶いておいたものです。豚バラから出た透明な油の中で、三種混合味噌を炒めていくプロセスがすなわち炸醤です。水分がばちばち跳ねる感じを指している言葉だと思われます。そこへ少量の砂糖を加えて味をみたら出来上がり。ゆであがりの麺に出来上がった肉味噌と、切絲（チエスー）（せん切り）したキュウリなどを乗せれば完成です。

炸醬麵は夏の食べ物だという印象が強いのは、一つにはスープがないあえ麵であること。もう一つは付け合わせに、キュウリなど夏の野菜が定番であることも関係しています。北京だとキュウリに次いで二番目にくるのが、心里美（シンリーメイ）という中が赤く甘口で丸い大根です。大根の一種ではありますが、水分が豊富な上に色も綺麗なので、北京では半分果物のように扱います。昔は自転車に積んで、「アー、心里美（シンリーメイ）、心里美（シンリーメイ）」と繰り返しながら売って歩く人を路地裏で見かけたものです。夏版の焼き芋売り的な感じでした（北京の冬には焼き芋売りが登場します）。

炸の字はもちろん、いわゆる揚げ物にも使います。鶏の唐揚げは炸鶏塊（ジャージークアイ）、肉団子を揚げると炸丸子（ジャーワンズ）、餃子を揚げれば炸餃（ジャージャオ）、カニを揚げれば炸蟹（ジャーシエ）、エビを揚げれば炸蝦（ジャーシア）。小麦粉をまぶして揚げたり、天ぷらのような衣をつけたり。炒めものの前段階として、揚げ油を鍋に入れ、材料を油通しすることも多いです。常に中華鍋を使って料理をし、傍には揚げ油が常備されている環境だと、揚げ物も日常的に感じられるようです。

台湾では、日本語の影響を受けて炸物（ジャーウー）（＝揚げ物）と呼ぶ言い方が定着しています。夜市に行くと、もともとは小さく切った鶏肉を油で揚げ、塩をまぶし、焼き鳥のように串を刺して供していた「鹽（イエン）（塩）酥鶏（スージー）」（さくさく塩鶏）の屋台が、今では他の肉類や野菜、海鮮、練り物にパンまで加えて一度に揚げるようになり、一つの極限的揚げ物状態を示しています。

月餅の月

中華系のお菓子として、日本で一番有名なのは月餅でしょう。東京新宿中村屋の創業者相馬愛蔵、黒光夫妻は国際派文化人で、親しくなった外国人から学んでウクライナ料理のボルシチを売り出したり、娘の夫となったインド人革命家が監修したカリーを看板商品に育てたことで知られていますが、月餅もまた、夫妻が一九二五年に中国旅行をした際に食べて気に入り、帰国後店で売り始めたのが日本における起源だといわれています。

月餅は中国でも、今日まで一貫して、たいへん存在感のあるお菓子です。その理由は、中秋の名月を愛でる祝日、旧暦八月十五日の中秋節に食べるべきお祝い菓子と位置づけられているためです。月餅の月は中秋の名月のこと。一年で最も美しい満月を模したこのお菓子は、中国では中秋節前後にしか食べない季節限定の商品なのです。

儒教の伝統から、家族関係をたいへん重視する中国文化にあって、一族の団結、団欒は最重要事項です。それを中国語では団圓（円）と表現しますが、円型すなわち家族円満の証。月餅が模した満月は、その象徴なのです。

中秋節は中国文化圏の年間四大祝祭である春節（旧正月）、清明節（四月五日ごろ）、端午節（旧暦五月五日）、そして中秋節のうちの一つです。その起源は古代に月の神様を祀ったことにさかのぼり、時代を経るにしたがって、いくつかの伝説と混じり合いながら、語り継がれてきました。その中には、不死の仙薬を口にしたため昇天した女性嫦娥や、皇帝に罰せられて月で木を切らされている男、漢方薬を作る白兎（餅つきをしているのではありません）、死後月に昇った楊貴妃など、さまざまなキャラクターが登場します。月餅もすでに宋の時代には広く普及し、根強い伝説によると、モンゴル人統治の元時代、満月の晩に反乱を企図した漢族が、菓子に計画書を入れて配ったのが月餅の始まりだといいます。おなじみ蘇東坡が満月を読んだ詩の中にも、「月の形に似て、甘いあんを包んだ餅（小麦粉の菓子）」が詠われています。

中国菓子である月餅は、和菓子とは異なり、小麦粉生地に油（伝統的にはラード、現在は主にピーナッツ油）を練り込んで、パイ状のホロホロした皮に仕上げます。中に包むあんは、小豆あんを中心として、満月に見立てた塩漬け卵の黄身を入れたもの（蛋黄月餅）、五種類の木の実（胡桃、胡麻、杏仁、スイカの種、オリーブの種などにオレンジピールや冬瓜の砂糖漬けなどが加わる）を入れたもの（五仁月餅）が中心ですが、次第に蓮の実から作った白あん、抹茶あん、チョコレートあん、雲南式と名乗ってハムを入れたもの、さらにはアイスクリームを中に入れたものまで、多様なバラエティが誕生してきました。

もともと小さめのホールケーキのように、家族で切り分けて食べることが想定されていたため、大きさは中村屋バージョンの四、五倍もありました。それが近年は、ご多分に漏れずの核家族化や少子化の影響で、小さめかつカロリー控えめなものが増えてきています。

忘れられないのは、香港の雑誌社に勤めていたときの中秋節前夜です。正方形の紙箱に大きめの月餅を四つ入れた箱を、何段も重ねてプレゼント用にラッピングしたものが、あちらこちらの取引先から届けられるのです。普段、社会全体で贈り物をしあう習慣がない土地で、この時期ばかりはお中元とお歳暮が同時に来たような大騒ぎ。しかも中身は油っぽくて巨大な月餅というわけで、もらって嬉しいやら困るやら。

同じ頃から、中国国内では、中秋節の月餅にかこつけて袖の下を届ける贈収賄が問題となり、何度にもわたって政府が禁止令を出す騒ぎになりました。最近でも一箱五百元といいますから、四個で一万円近い高価な月餅や包装に貴金属を用いたもの（！）の販売を規制する通知を出したりしています。

中国文化圏の中秋節は日本のお月見のように、ススキにお団子といった風流な行事ではなく、一族が集まって、月餅や秋の果物である栗、柿、梨、菱の実などを大量に消費するにぎやかなお祭りです。中国、香港、台湾、シンガポールはおろか、ある年ボルネオ島にあるマレーシア領サラワク州で、ちょうど中秋節にぶつかったところ、中国系の血と伝統を引く華人たちが、パレードや獅子舞を演じるばかりか、美しい満月の下、屋外カラオケ大会で夜遅くまで盛り上がっているのに出くわしたこともありました。

それにしても、中華菓子にはさまざまな種類がある中、なぜ月餅だけが日本でこれほどまでに定着したのかと疑問に思っていましたが、欧米への進出度を見ても、やはり中国の月餅と台湾のパイナップルケーキが二大成功例のようです。ちなみに月餅の英語訳は中国政府により、Mooncake と正式に決められています。

第五章　舌の上の地図

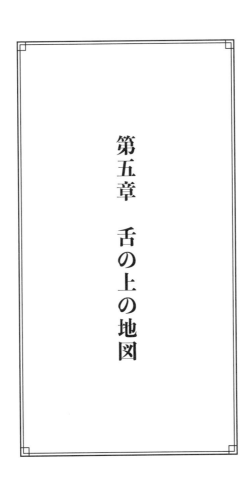

北京のアヒル

地名のついている有名料理は、現地に存在しないことが多いもの。広東麺しかり、天津飯しかりです。その点、北京ダックは大したもので、北京の有名料理として、確実に存在し、人気を博しています。外国からの観光客はもちろんのこと、中国各地から初めて首都を訪れた人も、一度は本場の北京ダックを味わい、土産話の種にしようと考えるようです。北京ダックは中国語で北京烤鴨（ベイジンカオヤー）。烤（カオ）はロースト（釜焼き）という意味です。そもそもは明の時代に、当時の首都南京で流行した料理だったといわれています。それが明朝廷の北京遷都にともない、皇室御用達の料理人たちも、新たに都となった北京に移動したのです。そのため、当初は北京の人たちから南京烤鴨（ナンジンカオヤー）と呼ばれていたとのこと。それが次第に、現在の北京烤鴨という名称に変わって、定着したという話です。

ところで、北京ダックの材料となる鳥は何でしょうか？　ダックといえば白い羽に黄色いくちばしのドナルド・ダック、ならばアヒルだろうと考えるのが一般的でしょう。ところが、中国語では烤鴨と表記します。いったい、鴨なのでしょうか、それともアヒルなのでしょうか。

この疑問は、実を言うと、日本語でしか成立しない疑問なのです。試しに和英辞典で鴨を、ついでアヒルを引いてみてください。どちらにも「duck」という訳語が与えられているはずです。同様に中国語でも、鴨は鴨子（ヤーズ）、アヒルも鴨子。というわけで、両者の区別は存在しません。

もっとも、青首の鴨と白い羽のアヒルは、欧米にも中国にも、現実にどちらも存在しています。その区別は、前者が野生の鳥類であるのに対し、後者が家禽（かきん）であること。そのため、英語では鴨をduckと呼ぶのに対してアヒルはdomestic duck（家禽化された鴨）、中国語では鴨を鴨子と呼ぶのに対してアヒルを家鴨（ジアヤー）と呼ぶ言い方もあります。鴨から肉や卵、羽毛などを取るために家禽化された種類がアヒルであり、鴨とのあいだに生物学的な区別は存在せず、見た目や呼び名の違いは、もっぱら人間の需要に基づいた区別であるということです。

ところで、日本には、野生のマガモ（鴨）とアヒルを交配させた合鴨（あいがも）という種類が存在し、蕎麦屋の鴨南蛮、おつまみの鴨ロースなどは、この合鴨肉を原料とするものと一般に思われています。けれども、実情を調べてみると、合鴨よりもアヒルのほうがからだが大きく、成長速度も速いため、商品価値の点で、はっきり優れているらしいのです。結果的に、鴨南蛮（かもなんばん）や鴨ロースに使われている肉は、実際は合鴨ではなくアヒル由来であることが多いと思われます。だからといって、消費者が損をしているとは思えません。なにしろ、鴨と合鴨とアヒルは生物学上すべて同じもので、英語にも中国語にも合鴨という言葉すら存在しないのですから。

というわけで、アヒル＝鴨です。中国料理圏では、鶏と同様に一般的な食材で、特に卵は、加工品であるピータンや塩漬け卵の場合、ほとんどがサイズの大きい鴨の卵を使用しています。

中国料理で使われる肉類のバラエティーは、豚牛鶏にほぼ限られた日本と比べると格段に多く、羊肉が一般的であるのに加えて、禽類（きんるい）も鶏以外に鴨、そして鵞鳥（がちょう）も珍しくありません。特に南部の広東省などでは、北京ダックよりもローストグース（焼鵞（シャオウー））が一般的で、東部の潮州地区では、醤油味の煮汁に入れ、時間をかけて調理する滷鵞（ルーウー）が有名です。そして、お国自慢の広東人は、判で押したかのように「焼鵞、滷鵞は北京ダックよりおいしい」と主張するのです。

その昔、北京ダック用の鴨は、フォアグラ用の鴨と同様、無理矢理食べ物を口から押し込んで太らせたものでした（塡鴨（ティエンヤー））。それが、中国の経済発展にともない、脂身は体に悪いという認識が広がり、消費者はよりさっぱりした味わいを求めるようになりました。そのため、現在では、鴨が生きているうちに食べ物を口から押し込む代わりに、焼く直前に腹腔（ふくこう）いっぱい調味液を満たすことで、焼きあがりの肉がやわらかくなるよう工夫しているそうです。

日本とは異なり、中国では鴨の皮をつまむだけでなく、スライスした肉も細切りのネギやキュウリと一緒に、甜麵醬を塗った餅（ビン）（クレープ）で巻いて食べ、最後に、残った骨からとったスープを飲むまでがワンセット。それを「烤鴨三吃（カオヤーサンツー）」と呼ぶのです。大きな碗になみなみと注がれたスープが満腹のために残ってしまったら、それをお持ち帰りするのは当然至極だと中国料理圏の人々は考えます。店の人も当たり前の顔でスープをビニール袋にあけて手渡します。

鴨の口から食べ物を押し込んだように、人間の子どもに受験用の知識を詰め込むことを「塡鴨式教育」と呼んだものですが、これはすなわち「詰め込み教育」のことでしたね。

焼売のシュウ

清朝の第六代皇帝であった乾隆帝は、清朝が最も栄えた時代の皇帝だったばかりか、本人も絵画や書物、食べ物やお茶にも造詣が深い通人でした。長江下流域にあたる江南地方を合わせて六回も訪れるほどの旅好きだったことも合わさり、中国版水戸黄門とも呼べそうなくらい、各地にさまざまな逸話を残しています。

香港の飲茶屋では以前、誰かにお茶をついでもらったら、指先でコツコツと三回テーブルを叩いて、お礼代わりにするという習慣がありました。その習慣はどこから来たのかと尋ねると、昔々乾隆帝が北京からはるばる南方を訪れて茶館に立ち寄った際、戯れに自らお茶を注ぐことなどもあったのだが、身分を隠しての旅だったため、皇帝陛下だと気がついた人も、正式に三跪九叩頭（三回跪き、九回額を地面につける）の礼をすることができず、跪くかわりに指でテーブルを三回叩いたことに発するのだと誰もが答えます。まるで乾隆帝が現在の上海にほど近い蘇州や杭州などいわゆる江南の地にとどまらず、さらに千二百キロ南にある香港にまで足を伸ばしたかのように。

皇帝のお膝元北京で、最もよく聞いた話は、北京前門外東側の鮮魚口（シエンユイコウ）という路地の南に一軒の料理屋があり、ある年の大晦日（おおみそか）、私的な外出先から戻った乾隆帝が立ち寄ったところ、この店の焼売は「具が柔らかく、味わい深く、上品な汁をたっぷりと含み、真っ白な皮が透き通るように光って、まるで玉で作った柘榴（ざくろ）の実のようでありました」と。つくづく感心した皇帝は、宮殿に戻ると、自ら筆を取って「都一処（ドゥイーチュ）」（都で随一）と書き記し、額装の上、店に届けるよう命じた、というものです。

この都一処という焼売店、現在まで北京に実在していて、私も二度ほど行ったことがあります。最初は一九九七年、二度めはその数年後でした。初めて行った時食べた焼売は、確かにそれまで食べた中で一番美味しいと感じました。大ぶりで豚肉がぎっしり詰まった、いかにも中国北方風の麵食です。ところが、二度めに訪れた時は、すでに前門外一帯が一度更地になった上で復元され、以前はなかったレトロ風の路面電車まで走り、すっかりテーマパーク風のたたずまいに変わっていたのです。都一処も看板は同じながら、まるでファストフード店のような造りになって、注文して食べた焼売も、一度めとはまったく別物になっていました。少なくともその時期、もとの都一処は南の郊外に移転して営業していると聞きました。

それからまた十数年がたった二〇二三年、ネットで現状を見てみると、店舗は再度建て替えられて立派な料理屋になり、店の前には乾隆帝一行を模した像も置かれています。メニューには焼売以外にも多くの料理が並び、三百年の歴史を持つ老舗として多くの顧客を集めているようです。

ややや狐につままれたような気がするのは、店名の由来について、「乾隆帝が訪れたある年の大晦日、よそはどこも早めに店じまいしているのに、唯一この店だけが営業を続けていた」ことを評価して、皇帝に「都一処という名を賜った」と説明されていることです。しかも、この店で焼売を出すようになったのは、乾隆帝が訪れてから百年ものちのことだとか。以前聞いた説明と一体どちらが本当なのか、と問うことに、大した意味はないのかもしれません。なぜなら乾隆帝は歴史上の人物であると同時に、水戸黄門のように、国民的に愛されるキャラクターでもあって、店の側がそれぞれの時代の消費者に最もアピールするエピソードを語ることに罪はないと思われるからです。もちろん、現在の説明のほうが、かつて聞いた伝説より史実に近いという可能性もあるでしょう。

焼売のことを中国語では焼麦と書きます。ただし、両者は発音が同じであるばかりか、中国でも地域によっては焼売という表記が採られているので、日本での書き方が間違っているというわけではありません。不思議なのは、焼売は中国北部内モンゴル自治区のフフホトが発祥の地で、そこから北京に伝わったといわれるのに、飛び抜けて有名な都一処を除くと、北京で焼売を売る店はそれほど多くなく、むしろ南部の浙江省、江蘇省、広東省などに評判の高い焼売店が多いことです。とはいえ、中国人の感覚からすると、焼売とは包子の仲間で、生地を膨らませず、薄いままの皮を用いて、口を閉じずに具が見えるよう包み、蒸して食べる麵食の一種ということであって、それほど特別な食べ物とは思われていないようです。

日本には明治年間に伝来した模様で、横浜伊勢佐木町にあった博雅亭が最初に売り出したと特定されています。シュウマイという読みが、ワンタンやチャーシュウ同様に広東音であることから、香港出身のコックがもたらしたものだと推察されます。

有名な横浜崎陽軒の焼売は一九二八年に売り出され、乾貝柱を使用したことで評判をとったそうですが、中国料理の世界で肉と海産物を合わせることは決して珍しくなく、焼売に限らず、包子や餃子であっても、豚肉にエビ、ナマコ、アワビなどを合わせた餡は少なくないのです。「三鮮～」とメニューに記されていたら、普通は豚肉に海産物と卵を合わせて具にしたもの。したがって、崎陽軒のシウマイは、オリジナルというよりも、本場の味を再現したと言ったほうが正確なようです。ところで、崎陽軒の崎陽が、江戸時代の文人が名づけた長崎の美名であることはご存じでしょうか。

四大菜系

中国はユーラシア大陸西端のＥＵ圏より面積が広く、人口も圧倒的に上回っています。そのため、ヨーロッパにフランス料理、イタリア料理、スペイン料理などなどがあるように、中国にも明確なキャラクターを持つ料理の系統がいくつも存在します。そのうち一番有名なのが四大菜系。さらには、八大菜系、十大菜系も後に控えています。

菜（ツァイ）とは料理のことで、中国菜といえば中国料理のこと。菜系の系は系統（システム）の系です。各地の料理は孤立して存在するのではなく、周辺地域の料理を含んだいくつかの様式をまとめて、一つの系統とみなす、という考え方です。

というわけで、四大菜系とは、魯菜（ルーツァイ）、川菜（チュアンツァイ）、粤菜（ユエツァイ）、淮揚菜（ホワイヤンツァイ）。

えっ？　とキョトンとした人が多いのではないでしょうか。聞いたことのない名前ばかりじゃないか、と。実は菜の字の前に置かれているのは、省など地域の別名や旧名なのです。普段使われている言葉に直すと、魯菜は山東料理、川菜は四川料理、粤菜は広東料理、淮揚菜は江蘇省淮安（ホワイアン）と揚州の料理です。

このうち川菜と粵菜、すなわち四川料理と広東料理については、比較的イメージが湧きやすいかと思います。日本にも四川料理店や広東料理店を名乗る店は数多く、四川料理といえば麻婆豆腐や担々麵など辛くて痺れる麻辣味、広東料理といえば飲茶を思い浮かべる人も多いことでしょう。香港旅行で叉焼や子豚のローストなどを食べたことを思い出す場合もあるかもしれません。

トップの位置に置かれた魯菜＝山東料理は、清代まで北京の宮廷で食べられていた料理がもとになっています。中国料理の最高峰として有名な満漢全席百八品のうち、最も多い三十品が山東料理だったといわれています。

なぜ、山東料理が中国宮廷料理の中心になったのでしょうか。初めて北京に都を置いた元はモンゴル人、最後となった清は満洲族による王朝で、少数の異民族が多数の漢民族を支配する構造になっていました。政権には、ほかにもチベット人や、当時は色目人と呼ばれていたウイグル人などが含まれ、少数民族連合の性質を帯びていたのです。そのため、今でもかつて宮殿だった故宮の周辺には、イスラム教徒向けハラール料理（中国語では清真菜）のレストランが見られたりします。一方、漢民族の住民は政権の中枢から離れた現在の前門外、当時の外城地区に押しやられていました。地元の北京人ではなく、わざわざ少し離れた場所にあり、歴史的にも孔子にさかのぼる美食の系譜を誇る山東省から料理人たちが招かれて、皇族、貴族のために調理を担当する構造があったわけです。

山東省は黄河の河口にあたり、海に面している一方で、中国の南北をつなぐ京杭（けいこう）運河の通り道でもあることから、古くから多様な食材に恵まれた土地でした。しかも紀元前六世紀にかの孔子が活躍した土地で、その孔子は『論語』中に「旬のもの以外は食べない。切り方がおかしかったり、色が悪いものは食べない」など、グルメの本質に関わることを言い残してもいます。つまり単なる田舎ではまったくありません。山東省出身の料理人たちは、そうした背景を持つ土地から、ギルドのような形で北京にやってきたわけです。

山東料理の定番である乾海鼠（ほしなまこ）を中国語では海参（ハイシェン）と言いますが、これは海で獲れる朝鮮人参という意味で、形状が似ているだけでなく、滋養強壮に役立つ薬材という側面もあるのです。こうした乾物を長時間水につけ、戻して使う料理（葱焼海参（ツォンシャオハイシェン）＝海鼠（なまこ）の煮込みと揚げたネギを合わせたもの）、牛や豚、鶏の内臓を丁寧に処理して煮込んだり、炒めたりする料理（油爆双脆（ヨウバオシュアンツイ）、九転大腸（ジウジュワンダーチャン）など）は、時間と手間がかかる点で、プロにしか作ることができないものです。大きな鯉を丸揚げして甘酢をかけた糖醋鯉魚（タンツーリーユィ）なども、一般家庭の台所では作ることのできないご馳走です。

清末から中華民国の初期になると、もとは宮中や貴族の屋敷ではたらいていた料理人が、街中でレストランを開くようになります。北京では漢族の料理人といえば山東人と相場が決まっていたので、看板にわざわざ魯菜（ルーツァイ）と明記することもありませんでした。当時、店名から、八大居、八大楼、八大春、八大堂などと謳（うた）われた有名料理店は、実のところ、ほとんどが山東料理店だったのです。現在でも、砂鍋居（シャグオジュイ）（創業一七四一年）、同和居（トンホージュイ）（同一八二二年）、豊沢園（フォンズーユエン）（同一九三〇年）などが伝統を引き継いで営業を続けています。

東京でも一九八〇年代の初め、本物の中国料理だからと連れて行かれた場所は新宿二丁目の随園別館（スイユエンビエグワン）（一九六三年開業）で、てっきり北京料理なのかと思っていましたが、海鼠（なまこ）の煮込みや、クレープ状の餅（ピン）でおかずを巻いて食べる合菜戴帽（ホーツァイダイマオ）、そしてデザートの飴がけ果実など、あとから振り返ると、明らかに魯菜（ルーツァイ）の系列に属するものでした。

なお、四大菜系の最後を飾る淮揚菜（ホワイヤンツァイ）は、現在の江蘇（こうそ）省、南京経済圏に入る地域の料理で、中華人民共和国成立後は、国賓のための宴会には淮揚菜を提供すると決められています。このあたりは京杭運河の南端に近く、塩の取引で富が蓄積されて、唐、宋、明、清と文人墨客が集う豊かな土地だったのです。中国の水戸黄門こと乾隆帝が何度もおしのびで出かけては舌鼓（したつづみ）を打ったのは、まさにこの淮揚菜です。

淮揚菜が国賓向けの料理に指定されたのは、当時の総理周恩来（しゅうおんらい）の出身地の料理であったためともいわれますが、料理自体も味が淡白で、材料に特殊なものを使わず、むしろ包丁の技術や隠し味に凝るなど、通好みな点が評価されたのでしょう。実際、見栄えからして、醬油色の濃い魯菜や、唐辛子まみれで真っ赤な川菜とは一味違う、パステルカラーの世界なのですから。

八大、十大菜系

四大菜系に続いて名高い中国八大菜系には、四大菜系の選には漏れた四種類の菜系が入ってきます。閩菜（ミンツァイ）、浙菜（ジョーツァイ）、湘菜（シアンツァイ）、徽菜（フイツァイ）の四つで、それぞれ福建省、浙江省、湖南省、安徽（あんき）省の料理です。いずれも中国南部の、古代には越と呼ばれた異民族が住んでいた地域の料理で、今でも食生活にその影響が残っているといわれます。

閩菜という名を聞いたことのない人も多いかと思いますが、閩とは福建省の別名です。そこは山が海に迫る厳しい地形で、昔は交通の便が悪かったことから、地域ごとに孤立する傾向が強く、「山一つ隔てると話が通じない」というほどに、方言分布が複雑なことでも知られています。料理も閩東（ミンドン）（省内東部）、閩南（ミンナン）（南部）、閩西（ミンシー）（西部）、閩北（ミンペイ）（北部）で異なる特徴を持ちますが、幅百数十キロの海峡をはさんだ向かいに台湾があり、そちらでいくつかの料理を味わった人もいることでしょう。

福州を中心とする閩東（ミンドン）料理で有名なのは仏跳墻（フォティアオチアン）、あまりにおいしいので仏様も壁を飛び越えるという名の豪華なスープで、材料に海鼠（なまこ）、鮑（あわび）、烏賊（いか）などの高級食材を惜しみなく使ったものです。名物の魚丸(ユイワン)は普通のつみれとは一線を画し、魚肉を叩いて驚くほどの歯応えを出したところに豚肉の具を包み込んだもので、スープといっしょに食べます。アラブ商人も来航し、国際貿易で栄えた歴史を持つ泉州、その町を中心とした閩南(ミンナン)の料理には、沙茶醤(シャチャジアン)というエビと唐辛子の入った調味料やピーナッツソースが使われ、マレーシアやシンガポールの料理と共通するものがあります。閩西(ミンシー)は山地が多く、客家(はっか)料理が中心。山菜や芋類、乾物を多く使います。

次に浙菜(ジョーツァイ)の故郷、浙江省は長江をはさんで江蘇省の南に位置し、古来、物産が豊かなことで知られています。美味で名高い金華ハム、風光明媚なことで知られる西湖の蓴菜(じゅんさい)スープ、調味した丸鶏を泥(どろ)に包んでオーブン焼きした乞食鶏(こじきどり)、小エビとお茶の若葉を炒め合わせた龍井蝦仁(ロンジンシアレン)など、全国に名の轟く料理が数々ありますが、一番はやはり豚の角煮のオリジナル、東坡肉(ドンポーロー)でしょう。皮をつけたまま豚肉を調理することで、何時間も煮たり蒸したりするにもかかわらずバラ肉の層が美しく保たれたものを、陶器の壺に入れ、供される様はまるで高価な宝石のようです。

湘菜(シアンツァイ)は湖南省の料理です。長江の中流域で、洞庭湖(どうていこ)の南にあることから湖南と呼ばれる土地の古称が湘。日本で神奈川県、旧相模の国の南部を湘南と呼ぶのは、古来、屈原(くつげん)、杜甫(とほ)などの文人による作品を通じて、日本でも洞庭湖の風光明媚(ふうこうめいび)さが知られていたためでしょう。料理は意外なことに、四川料理と並ぶほど唐辛子を多用するのですが、四川料理と異なるのは、花椒を使わないため、辣（ラー）ではあるが麻（マー）ではないこと、さらに酢を使った酸辣（スワンラー）の味が好まれることです。代表的な料理の剁椒魚頭（ドゥオジャオユイトウ）は、洞庭湖でとれた魚の頭に、唐辛子を刻んで塩と高粱酒に漬け込んだものをびっしりと乗せ、十分ほど蒸してから、醤油と熱した油をかけて仕上げるもの。魚好き、辛いもの好きにはたまらず、ご飯が何杯でも食べられます。また、湖南省は毛沢東の出身地でもあることから、料理の頭に「毛氏」とつけた毛氏紅焼肉（マオスーホンシャオロー）などもメニューにのぼります。

八大菜系の最後は徽菜（フイツァイ）。安徽省料理です。ここは江蘇省、浙江省の西側にあたる内陸の省。農業に適した地理環境に恵まれない分、古来、徽商（きしょう）と呼ばれる商売人を輩出したことで知られています。豪商として名高い揚州の塩問屋のうち、半分以上が徽商だったという話もあります。塩の他に、茶、木綿、筆、墨など多様かつ高価な商品を扱った商人たちが、出張先で故郷の味を懐かしみ、料理屋を開かせたことで、徽菜は全国に知られる有名料理となったのです。内陸にあるため、材料も川魚やすっぽん、鳩、筍など土地柄を反映したものになっています。中でも豆腐に産毛（うぶげ）のような毛カビが生えるように発酵させ、それを炒めて食べる毛豆腐（マオドウフ）は発酵食品中の絶品といわれます。

さて、八大菜系の次の十大菜系になると、残り二つに何を入れるべきか、楚菜（チューツァイ）こと湖北料理か、それとも蘇菜（スーツァイ）こと江蘇料理かなど、どうしても意見が分かれてきます。それでも何とか滑り込みを果たすのは、やはり京菜（ジンツァイ）こと首都北京の料理でしょう。トップの魯菜こと山東料理が、北京宮廷料理の中心だったことは書きましたが、それ以外の料理、特にイスラム教徒による羊の料理、しゃぶしゃぶやジンギスカン焼きなども含めて京菜と呼び、評価の対象とすることは、今となってはむしろ遅すぎたと感じられるほどです。実際、中国に旅行に行き、どの都市で一番美味しいものが食べられるかと尋ねたら、北京と答える人が多いのではないでしょうか。

　やや難しい点として、宴会料理には含まれない、市井の、日常的かつおいしい食べ物もたくさんあり、それらB級グルメをどこまで評価していくか、という問題もあります。もはや王族や豪商だけが美食を楽しむ時代ではなく、フランスのミシュランガイドも、近年は星のつかない庶民的な優良店に対し、ビブグルマンの称号を贈っているのですから。少なくとも、北京っ子にとって忘れられない一番のおやつが、孜然（ズーラン）ことクミンと唐辛子粉をまぶした羊肉串（ヤンローチュアン）であることは間違いありません。やはり、いつまでも山東料理に北京料理を代表させておくのは、時代遅れなのかもしれません。

潮州菜

四大菜系、八大菜系、十大菜系について語れば、中国料理の大方をカバーできたかと思いきや、全然そうはいきません。たとえば潮州菜（チャオジョウツァイ）。日本ではほとんど知られていませんが、中国語圏では大変有名です。

二十世紀も終わりに近づいたある年、北京を訪れると、街のあちらこちらに潮州菜の看板が出ていて驚いた記憶があります。潮州は広東省の東北部、福建省との境目あたりに位置しています。日本では昔、中国土産として、スワトウのレースハンカチが有名でしたが、そのスワトウが漢字で書くと汕頭（シャントウ）で、潮州の一大中心地。よって潮汕（チャオシャン）地区、潮汕菜という言い方をする場合もあります。そのような南方地域の、海産物を多く使う料理が、北方かつ海から距離のある北京で流行するとは！

ところが、北京の潮州菜ブームには、危ないトリックが仕掛けられていたのです。それは「水族館」。日本でいう生け簀（いけす）料理のように、店頭に巨大な水槽を置き、そこから取り出した魚や蟹（かに）を調理して供するというもので、当時は中国語で水族館（シュイズーグワン）と呼ばれていました。

常識に属することだとは思いますが、世界各地、特に中国料理圏で、海鮮は値段が定価ではなく時価なため、最終的にいくらとられるかわからない要注意分野となっています。幸いこちらは海鮮が豊富な日本からの訪問だったので、北京で潮州水族館に釣られずにすみましたが、あの時期、北京を訪れて、引っかかってしまった人も少なくなかったのではないでしょうか。

潮州料理を食べるなら、どうぞ南へいらしてください。広東料理の一枝に分類されますから、香港、あるいは台湾やシンガポールにも潮州料理店はたくさんあります。店名に「潮」の字が入っている店、香港の潮江春（チャオジアンチュン）、台北の潮粤坊（チャオユエファン）、シンガポールの潮汕林（チャオシャンリン）などは、店名だけで、ああ潮州料理だ、とわかります。

潮汕地区は海外移民（華僑（ホワチャオ））をたくさん輩出した、いわゆる僑郷（チャオシャン）のひとつで、シンガポールやマレーシアでも存在感を示していますが、特にタイの華人は大部分が潮州系です。ベトナム戦争後にボートピープルなどとして国外に逃れた百万人以上のうち多数が潮州系華人であったといわれ、その苦難を歌った「潮州人」というフォークソングも有名です。香港では、かつて、飛行機がビルの間をぬうように発着した啓徳空港（カイタック）や、「東洋の魔窟」こと九龍城砦（きゅうりゅうじょうさい）があった九龍城地区が潮州人街で、料理屋がたくさんならんでいたものです。

潮州料理は中国料理の中で、最も磯の匂いを感じさせる料理だと言えるでしょう。ピンクと白の模様が美しい花蟹を蒸して冷やした凍蟹（ドンシエ）が有名ですが、先に値段をよく尋ねてから注文したほうがいいですね。そうした心配がないのは、小粒な牡蠣（かき）を使った料理。潮州でいう蠔烙（ハオラオ）、すなわち牡蠣入りのお好み焼きは、永遠に庶民の味方です。乾煎（からい）り、あるいは油で炒めた蝦蛄（しゃこ）を、唐辛子やニンニクでスパイシーに味つけした椒鹽蝦蛄（ジャオイエンシャグー）なども、ビールが進むことでしょう。他にプリプリの歯応えに驚く牛肉丸（ニウローワン）（ボール）や、味のよく染みた滷鵞（ルーウー）（ガチョウ肉）など、気温の高い地域の食べ物だけに、胃袋にこたえそうな大皿料理ではなく、おつまみ的なものが多くなります。

しかも、潮州料理店では打冷（ダーロン）といって、惣菜を入り口近くに並べ、客が自由に選んで取れるようにしているところが多いのです。そのため、名前のわからないものでも頼みやすい、食べてみやすいという利点があります。また、潮州料理は漬物やつけだれが多種類、小さな皿で出されることでも知られています。ちまちまつまむのが大好きな酒飲みにはこたえられませんね。

さらに、潮州では海苔をたくさん食べます。牛肉ボールのスープに海苔を入れたものなど、海のものと陸のものとを合わせた時に生まれる味わいは格別なものがあります。潮州は海に近いとはいえ、やや内陸にあって、乾物作りが発達したことから、日本料理にも通じる、出汁の旨味を味わう食文化が形成されたようです。ちなみに中国語で旨味を表わす漢字はといえば「鮮」。よく見ると、魚と羊、海のものと陸のものとの組み合わせでできた漢字であることがわかるでしょう。

最後に、潮州人は日本人同様、雑炊（湯飯（タンファン））を好むことを言い添えておきましょう。さまざまなおつまみでビールを流し込んだあとに頼むそれは、小さい牡蠣や海苔の入ったスープに、ご飯を入れて軽く煮てあり、あまりにも美味なため、「家に帰ったら絶対作ろう」と毎回心に誓うのですが、日本では牡蠣が高級品であることから、ついつい買ってきた牡蠣は、フライや昆布蒸しや炊き込みご飯に昇格させてしまい、なかなか高級雑炊を作る機会に恵まれません。これは逆に言うと、潮州菜など中国料理では、材料が贅沢に使われているということになります。

華流の味

数ある華流（中国語）映画のうち、さまざまな中国料理が一番美味しそうに撮られているのは、アン・リー監督の『恋人たちの食卓』（一九九四年、原題『飲食男女』）だと言って間違いないでしょう。主人公である三人姉妹のお父さんが、台湾で迎賓館（げいひんかん）の役割を果たしていた圓山大飯店（ユエンシャンダーファンディエン）でシェフを務めていたという設定で、週末、娘たちのために用意する料理の数々が、そのまま最高級のパーティー料理なのです。

庭でアヒルを追いまわすところから準備が始まる北京ダック。中華鍋からはみ出るサイズの大きな鯉に、飾り包丁を入れて丸揚げにした松鼠魚（ソンシュウユィ）。具をこね、手作りの皮でキュッキュと器用に包んで蒸しあげる小籠包などなど。知り合いの小学生に作ってあげるお弁当でさえも、おかず四品にスープつきのコース料理なのです。一つ一つ見るだに美味しそうなのも当然で、料理を作る場面は、有名シェフたちが代演したそうです。

『恋人たちの食卓』で全編に登場する料理の総数は、なんと九十四種類。主な食材だけで鶏、鴨、鳩、豚、牛、ハム、蝦（えび）、蟹、鮑（あわび）、海燕（うみつばめ）の巣、卵、豆腐、湯葉などなど。それを中国各地の菜系にしたがって、ひとりで料理してみせるという設定ですから、この部分だけでも中国の食文化に対する壮大なリスペクトになっていると言えるでしょう。

一方、見る人の胸を打つ素朴で心温まる料理というと、チャン・イーモウ監督作品『初恋のきた道』（一九九九年、原題『我的父親母親』）の中で、同作でデビューしたての超ういういしいチャン・ツィー演じる主人公のディが、憧れの先生のために作った料理の数々です。土間にしつらえた、薪をくべて熱する昔ながらのかまどを使い、小麦粉からこねて焼いた主食の餅（ビン）も、ネギ入り卵焼きも、粟粥（あわがゆ）も出てきましたが、何と言っても先生のリクエストで作り、どんぶりを持って彼を追いかけた挙句（あげく）、思い切り転んでしまった、あのきのこ餃子でしょう！　というのが、映画ファンにして食べ物好きのみなさんの一致した意見のようです。

ドラマチックであるべき映画には、どうしても中国各地の名菜を集めた宴会料理や、田舎娘の心づくしなど、極端な料理が登場しがちです。その点、台湾北部、中部、南部の伝統料理がしのぎを削った『祝宴！シェフ』（二〇一三年、チェン・ユーシュン監督、原題『総舗師』）で、最後のオチとして、本当にどこにでもあるトマ玉こと番茄炒蛋（ファンチエチャオダン）（または西紅柿炒蛋（シーホンスチャオダン）＝トマトと卵の炒め物）が登場した時には、「なんでー」とそのアンチクライマックスぶりにむしろ衝撃を受けましたが、冷静に評価すれば、確かにあれこそが、現代中国料理のトップを飾る家庭の味なのです。

台湾の家庭料理といえば、干し大根入りの卵焼き（菜脯蛋）というのが長い間定番だったので、最初にこの映画を見た時には、「えっ、干し大根じゃなくてトマトですか」と意外な感じを受けたのも事実ですが、時代はトマトなのです。中国語圏でも「火鍋の下地にトマト」的な使い方はかなり一般的になっています。

番茄炒蛋

出張で中国に行くと、最初の日こそテーブルにご馳走が並びますが、同じ人たちと食事をすることが二度め、三度めになると、必ず誰かが「いんげん炒め（乾炒四季豆）お願い」、「それとトマ玉も」と言い出します。

中国語のウェブに上がっている「家庭でよく食べる料理ベスト5」「ベスト10」「ベスト30」などを見てみても、ほぼはずれることなく入選しているのが、麻婆豆腐、スペアリブの甘酢あん、たたきキュウリ、細切りジャガイモの酢炒め、そしてトマ玉です。子どもが喜ぶ、大人も食べる、みんな好き、と意見が一致しているので、やはり中国家庭料理ナンバーワンと認定してよさそうです。

材料はトマトと卵のみ、が基本です。トマトを乱切りにし、卵を溶いたら、熱した中華鍋（中国語では炒菜鍋（チャオツァイグオ））かフライパン（平鍋（ピングオ））に、油を入れ、温まったところに卵を流し込みます。卵が固まったら、トマトを入れて火を通します。卵が焦げないよう、トマトの上に乗せるなり、鍋の端に寄せるなりしてください。塩少々、胡椒少々をふり、最後に砂糖を小さじ一くらい入れて、全体をよくまぜたら出来上がりです。

中国語圏でも、トマトは外来食品という認識なので、中国では主に西紅柿（シーホンス）、台湾では番茄（ファンチエ）と呼びます。西は西洋のこと、番は異民族のことです。また、トマトは一貫して、野菜と果物の中間的存在として扱われてもいるようです。

中国ではスライスしたトマトに砂糖と塩少々をまぶした糖拌西紅柿（タンバンシーホンス）が、叩きキュウリと同じくらい、料理の一品として認識されています。台湾では、南部の台南や高雄で、イートインできる果物屋のメニューに、姜汁番茄（ジャンジーファンチエ）があります。おろし生姜に醤油、砂糖、梅粉（メイフェン）（塩と砂糖で漬けた青梅の粉）、漢方薬材の甘草（かんぞう）などを入れた甘じょっぱいつけだれが用意され、爪楊枝（つまようじ）に刺したトマトをつけながら食べるものです。味は好き好きだと思いますが、体を冷やす性質のトマトを食べる際、温める力の強い生姜の力を借りて、中和するという考えが背景にあるようです。

第六章　まぼろしの麺

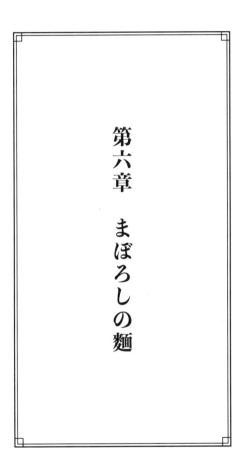

担担麺（四川）

いつの間にか日本でもおなじみの味となった担担麺（中国語に「々」は存在しません）。私が中国に留学していた一九八〇年代には、内陸部の四川省成都市に一軒だけあった国営担担麺店でのみ供されていたので、学校のあった北京や広州から、わざわざ何十時間も汽車に揺られて、遠路はるばる食べに行ったものでした。間口の狭い店の前に行列して、小さいお碗に入った一杯の担担麺を食べ終わると、あまりの美味しさに、すぐまた行列に並び直し、おかわりしたこともあったように記憶しています。

担担麺の担は扁担（ビエンダン）の担。扁担とはいわゆる天秤棒（てんびんぼう）のことで、首の後ろから両肩に掛けた棒の、両端に荷物をぶら下げて運ぶ道具です。あの頃の中国では、長距離列車が到着した駅のホームなどで、まだ実際に道具として使われているのを見かけたものです。肩への負担が少しでも軽くなるようにと、幅広の棒を使うため、扁平足の扁の字がついています。実際には、太めの竹を半分に割ったものが多く使われていたように思います。

担担麺の起源とされているのは、四川省でも成都より南、長江に近い自貢（ズーゴン）市です。扁担の前と後に、麺作りの材料と道具を吊り下げた麺屋が街を流して歩き、客がいたら、その場で荷物を下ろして麺を提供したことからついた名前が担担麺というわけです。日本語に訳すなら、「天秤そば」でしょうか。

台湾の古都、台南市には担仔麺（タアミー）と呼ばれる名物料理がありますが、それも四川省の場合と同じように、天秤棒をかついだ流しの麺屋が売り始めたのが起源だそうです。担仔麺の有名店は度小月（ドゥシャオユエ）といって、昔、漁師が漁獲高の少ない月（小月）を食いつなぐ（渡る＝度）ために従事した副業だったことを示しています。香港には車仔麺（チェーザイミン）というものがあって、こちらは手押し車で売り始めたのが起源だとか。いずれも、日本の「夜鳴きそば」（夜にチャルメラを吹きながらラーメンを売って歩いた屋台車）同様に、商売の形式からついた名称で、食べ物の中身とは無関係。実際、担担麺と担仔麺は、異なる食べ物です。

私が中国で担担麺を食べたのは、小さいとはいえ店の中でのことでしたが、同じ四川省の観光地大足（ダーズー）で、自転車の後ろに乗せて売り歩いている麺を食べたことがありました。それは蕎麦粉の麺で、お碗にすりごまと辣椒油（ラージャオヨウ）、醤油をいれたところに麺を加え、混ぜながら食べるのです。日本式の蕎麦とはまったく異なる風味ですが、それはそれで美味しかった記憶が鮮明で、今でも時々家で作っては食べています。その場合は、水少々で湿らせた唐辛子粉を胡麻油に入れて熱し、器に入れたすりごまにかけ、最後に醤油をいれてタレを完成させておくのがよいようです（唐辛子粉を水で湿らせるというと驚く人がいますが、熱した油に入れるので、乾燥したままだとすぐに焦げてしまいます）。

四川省の担担麺は、お碗の底にタレが入れてあり、そこにゆでたて熱々の麺を入れ、上から肉そぼろをかけて仕上げる、いわゆる汁なしのあえ麺です。碗底のタレが味のポイントになりますが、四川料理では、肉や魚を料理する場合でも、調味料、香辛料を用意しておいた器に火を通した具材を投入して仕上げるというスタイルが多いのです。

担担麺の場合、お碗に入るのは、花椒、豆板醤、芝麻醤、醤油、酢、鶏スープに、生姜とニンニクとネギのみじん切り、さらに現地で一般的な漬物も入れて味を深めますが、日本で真似をするのなら、ザーサイを刻んで入れれば大丈夫です。

本場の麺は日本の冷麦（ひやむぎ）程度のやや細い麺でコシはありません。そのゆで汁を少々取り分けてお碗の調味料に注ぎ、泡立て器で調味料すべてをしっかりと混ぜ合わせておきましょう。中国式の芝麻醤は濃く硬いので、少量の液体で丁寧にのばす必要があります。最後に上からかける肉そぼろには、甜麺醤で味をつけます。麺がゆであがったら、ざるにあげて水分を切り、お碗に入れてタレとよく混ぜ合わせます。最後に肉そぼろをかけてすすれば、本場の担担麺そのままとは言わないまでも、七割方似た感じの出来上がりで、十分美味しく食べることができます。

世界各地には日本だけでなく、さまざまに現地化した担担麵があります。私がかつて暮らしたトロントはスパダイナ・アベニューのチャイナタウンに龍城（ドラゴンシティー）という名の中華系ショッピングモールがあり、地下がフードコートになっていました。そのうち一軒が北方料理店で担担麵をメニューに載せていましたが、タレには芝麻醤ではなく花生醤（ホワションジャン）ことピーナッツペーストが使われ、麵はどう見ても日本のうどんそのままでした。本場四川省成都の味とは似ても似つかない担担麵でしたが、それでも担担麵恋しさから、何度も食べに行ったものです。何十年もたって振り返ると、成都の担担麵もトロントのピーナッツうどんも同じように懐かしいのですから、人生とは不思議なものです。

拉条子（新疆）

人は初めて食べたものでも、その味を記憶することができます。しかし、その食べ物の名前がわからない場合、再会するまでに長い時間がかかってしまうこともしばしば。

名前がわからない理由は言葉が通じないからで、幻の味になってしまったのは、留学時代の夏休み、旅行で訪れた新疆（しんきょう）ウイグル自治区のとあるオアシスで食べた麺料理でした。

当時、省都ウルムチと国境地帯のカシュガルを結ぶ鉄道はまだ開通せず、飛行機は便数が少なかったため、コネを持たない留学生は二泊三日バスに揺られてタクラマカン砂漠を越え、西へと向かいました。そして夕方、とあるオアシスでバスは停車し、乗客のウイグル人たちと一緒に外へ出ると、そこに麺の屋台が出ていたのです。

それは、中国では食べたことのないほどコシの強い手打ち麺で、味つけには、羊肉とトマト、ピーマン、玉ねぎなどの野菜が一緒に炒められていました。さらには名前のわからない、魅惑的なスパイス。ああ、ここが東洋の麺と西洋のパスタの分水嶺で、両者を繋（つな）いだのは、イスラム教徒の人たちだったのだ、と強い感慨に打たれたものです。

「これは何という食べ物ですか」と店の人にも他の客にも尋ねましたが、「麺だよ、麺、当たり前だろう」みたいな返事しか戻ってきません。もう一歩踏み込んで聞こうにも、当時は私の中国語力が乏しく、ウイグル人同士はウイグル語で話すため、一向にらちがあきません。その後は新疆ウイグル自治区の他の場所でも、旅を終えて戻った北京でも、もちろん東京でも、あの麺に再会することはなく、二十年あまりの時が流れたのでした。

二十一世紀に入り、中国の経済が発展するとともに物流が進歩して、北京などの大都会では、全国津々浦々（つつうらうら）の料理が食べられるようになりました。ある時、地元の友人に、新疆（シンジャン）菜（ツァイ）の店を紹介され、弯弯月亮（ワンワンユエリャン）という三日月（みかづき）をシンボルにした店を訪れました。三日月はイスラム暦でひと月の始まり（新月）を示すマークです。ムスリム地域の病院では、キリスト教に基づく赤十字ではなく、赤い三日月が掲げられているのを見ることができます。

弯弯月亮は旧北京城内の裏道にあり、イスラム風の飾りつけをした素敵な店でした。メニューには羊の串焼きや炊き込みピラフ、ヨーグルトドリンクなどと並んで、拉条子（ラーティアオズ）という料理が載っていました。拉は拉麵の拉ですが、条子というのは、やや幅のある紐状のもののはずだから……と思考を巡らすうちに、ピンときたのです。あ、あれでは……。

その通り！　運ばれてきた拉条子こそ、私が二十年以上夢見続けた、あれだったのです。大皿いっぱいの麺、その上にたっぷりとかけられた羊肉と野菜のスープ。そして、あの頃、何だかわからなかった魅惑的なスパイスがクミンであることも、この日解明されました。西洋料理では羊肉にはミントやローズマリーを合わせますが、中央アジアではクミンです。あとはコリアンダーとチリ。

拉条子という料理名が直接指すのは、手延べで作られた麺自体です。羊肉とトマトなどのソースは、中央アジアではきわめて日常的な味つけで、日本の鰹や昆布出汁に醤油と味醂みたいなものなのでしょう。だから、あえて料理名に入れはしないのです。あの晩、タクラマカン砂漠のオアシスでウイグル人たちが教えてくれた「麺だよ、麺、当たり前だろう」は正しい答えだったのです。

その後、日本でユーラシア料理の研究家である荻野恭子さんのレシピ本の中に、この拉条子をみつけました。『ロシアの郷土料理』（東洋書店）という本に、「シルクロードのうどん、ラグメン」として紹介されています。その後に出版された『1つの生地で、餃子も、めんも、パンも！』（文化出版局）という一冊には、「野菜炒めうどん、ラグメン」、「トマトスープのうどん、ラグマン」とあり、前者は中国新疆ウイグル自治区、後者がウズベキスタンで採取したレシピで、同様の料理は中央アジアの広い地域で作られ、食べられているのだそうです。

拉条子という料理のポイントは、何と言ってもコシの強い麺。その麺をレシピに従いつつ自分でも作ることができるのですからびっくりです（以下のレシピは中国のネット動画を参考にしたものです）。

基本の材料は小麦粉と塩、水（二人分で強力粉二〇〇グラム、水一〇五ミリリットル、塩一グラム）。日本のうどんと同じですが、違いは寝かせるタイミングと、要所要所で油をまぶすことです。まず、小麦粉と塩、水を合わせて、おおよそまとまったところで、ビニール袋をかぶせていったん五分間休ませます。起きた生地は先ほどより扱いやすくなっていますから、今度は十分間くらい、生地のお肌がピカピカになるまで台の上でこねます。そして、大人の指かフランクフルトソーセージほどの大きさの棒、数本にまとめて、サラダ油をまぶし、ラップをかけて二時間休ませます。

拉条子

このように、生地を寝かすことを中国語では「醒麺（シンミエン）」（麺を目覚めさせる）と言うことは前にも述べましたが、最初はボサボサで、ぼけっとした風情だった小麦粉生地が、だんだんとつるつるのピカピカになってくる様子は、確かに「寝かす」というよりは「目覚めさせる」に近い気がします。しっかり目覚めるようにと、生地の表面に油をまぶすのは、起きたての顔を冷たい水で洗い、化粧水をはたき込むような感じです。生地に油を塗ると、まな板や器にくっつかなくなり、さらに、引っ張ってもちぎれにくくなるのです。

二時間たったら、棒状の生地を包丁で箸ほどの太さに切り分けます。そして、一本一本を両手に持ち、こよりのようにひねりを入れながら、引っ張り、延ばしていきます。途中で切れても、味にはあまり影響しませんから、気にしないでいいです。初めての人でも、二十分ほどで二人分の麺を仕上げることができます。うどんとまったく同じ生地が、油をまぶすだけでこのように扱いやすくなるとは。鍋で沸騰させた湯の中に投入すること三、四分で、拉条子の出来上がりです。

これを羊、トマト、夏野菜を炒めたソースであえれば、シルクロードの味になります。が、初めて自分で手延べした拉麺自体の味を確かめたい場合は、ゆでて器に入れた麺に、みじん切りのネギ、ニンニク、花椒、塩、酢、醤油、唐辛子粉、ごまを散らし、その上から熱したサラダ油少々をかけてください。箸でよくよく混ぜて口に運んだら、感激すると思います（このスタイルを中国語で油泼面（ヨウポーミエン）〔油潑麵〕と言いますが、ひょっとして日本の油そばの先祖でしょうか）。

自分で作った拉条子が、あの晩オアシスで食べた名も知らぬ美味しいものの味に近づいていく。そのプロセスは、もう一つの旅と呼ぶことができるものではないでしょうか。

麻油麺線（台湾）

台湾には、海峡を挟んだ向かい側の中国福建省から伝わった麺線（ミエンシエン）と呼ばれるヌードルがあります。見かけは日本のそうめんに似ていますが、作る段階で塩が入れてあります。また、乾燥のさせ方によって、白いものと赤みを帯びたものの二種類があります。

この細い麺は、屋台のような店で見かける蚵仔（オア）（牡蠣）麺線や大腸（ダーチャン）（ホルモン）麺線、猪脚（ジュウジァオ）（豚足）麺線に使われているものです。いずれも具材たっぷりで、とろみの強いスープに、パスタの中で一番細いヴァミセリのような麺線を入れて煮てあります。

……といった簡単な事実関係がきっちり理解できるまでにも、ずいぶん時間がかかりました。そして、実は今でも、あの麺が本当にこの麺線だったのかどうか、完全には確信を持てずにいるのです。

それは、一九九六年の春、台湾で史上初めての総統直接選挙が行われた時期で、私は当時仕事をしていた香港誌の特派員として台湾取材に出かけました。台北市内ばかりか、離島の馬祖島（マーズーダオ）まで選挙の情勢を取材してまわり、空いた時間には、台湾の同業者たちと陽明山の温泉に足を延ばしたりもしました。今思えば若さいっぱいの時代でした。自分だけでなく、民主化直後の台湾社会も若さがみなぎっていた気がします。

選挙が終わり、原稿を送り、取材も一段落したところで、では打ち上げとばかりに、地元の友人二人と食事に出かけました。雑誌の同僚記者とテレビ局のアナウンサーでした。当時台湾には大酒飲みの人が多く、その時も飲める店ということで、裏道にある半分屋台のような店に入りました。

今でもそうですが、台湾の食堂には、ものすごく美味しい料理を出すのに、店の見かけがぱっとしないため、誰かの紹介なしには入りづらいところが少なくありません。入る勇気が出る出ない以前に、外見からはよしあしの判断がつきにくいのです。

友人たちはよく知っている店らしく、何のためらいもなく路上に置かれたテーブルに陣取り、台湾語で店の主人と相談しつつ、いくつもの料理を注文していきます。何品もの料理が並んだはずですが、記憶に残るのは二品。うち一皿はからすみでした。からすみという名詞は、日本でも以前から聞いたことがありましたが、食べる機会に恵まれたのは、多分その時が初めてだったと思います。高価なものだと知っていたので、そう言ってはなんですが、こんな路上の（あまりぱっとしない）店で、こういう品を頼むのか、と意外に感じたものです。食べてみると、噂どおりの珍味で、改めてびっくりした記憶があります。台湾の友人たちは、特に騒ぐでもなく、淡々と箸をすすめ、グラスを重ねていきます。

そして、大分お腹もふくれた頃に出されたのが、あの麺でした。楕円形の皿に、何の具も添えず、ただ白くて細い麺だけが横たわっています。酒を飲んだあとの「しめ」的役割なんだな、と大した考えもなく手を伸ばして自分の皿に取り、口へと運ぶと……。

「好吃！（うまっ！）」と思わず口から声が出ました。友人たちは、ちょっと目を見開くと、「好吃就多吃（うまかったら、たくさん食べな）」と私に譲ってくれます。遠慮なく、あっという間にぺろっと平らげると、普段ならしないことなのですが、おかわりに、もう一皿頼んでもらいました。そして「これは、一体何という料理なのか」と尋ねました。彼らは「麻油麺線」と壁に貼られた紙を指差し、「そうか、日本にはないのか」とうなずき合っています。「日本にはないし、香港にもないし、中国でもどこでも食べたことがない」と言うと、「へえ」とまた少し目を見開く彼ら。

今回は名前がわかっているし、場所も行きやすい台湾の台北なのだから、きっとまたすぐに食べることができるはず、と思ったのですが、美味しいものはそう簡単には口に入りません。それで作ってみることにしました。まず、麺線とそうめんの見かけが類似しているのだからと、日本のそうめんをゆでて、ごま油をかけてみました。「麻油麺線」は直訳すると「ごま油そうめん」のはずなのです。けれども、ごま油をかけたそうめんは、ごま油をかけたそうめんの味がするだけです。やはり、麵線でなければ、麵線の味はしないものなのでしょうか。

　インターネットが普及した現在、さまざまな料理の作り方が、簡単に調べられるようになり、作り方を指導する動画が見つかることも珍しくありません。ある時、ためしにと麻油麵線のレシピを調べてみたところ、「鍋に油を熱し、生姜を炒めたら、水、米酒、醬油、塩を入れて沸騰させ、揚げたエシャロットとみじん切りネギを加えたところに、ゆでた麵線を入れ、軽く煮て器に盛る」と出てきます。実際のところ、このくらい単純な料理であっても、台湾のスーパーなら普通に売られている米酒や揚げたエシャロット（油葱）、そして肝心な麵線が簡単には入手できない以上、一〇〇パーセント再現することは容易ではありません。

　やはり再度台湾に行く機会を待つしかないのか、と思い至りました。そして、その次の台北出張の際、機会を逃さず、仕事先の人に「お昼は麻油麵線が食べたい」と言ってみました。先方は「外国人は不思議なことを言うなあ」という顔つきではありましたが、オフィス近くの麵屋で、麻油麵線を頼んでくれました。結果は、残念ながら「違う」のです。そこで供されたのは、ネット上のレシピに書かれた通りに作られた麻油麵線であったかもしれません。でも私が、あの晩、半分路上を占拠した屋台店で出会ったものとは「違う」

のです。

とはいえ、現地に行くとヒントを得ることができるのは間違いありません。その時、別の知人が持たせてくれたお土産に、台湾産の苦茶油（クチャヨウ）というものがありました。ツバキ科の植物の種から損った食用油で、からだにいいのだそうです。その油を使った料理のレシピを見ていくうちに、「麻油鶏（マーヨウジー）」の存在が浮き上がってきたのです。

それは冬の寒い時期、あるいは産後すぐの産婦さんなど、体を温めて調子を整える必要がある時に食べる伝統的なスープ。作り方は中華鍋にカップ一杯のごま油と生姜のうすぎりを大量に投入して炒め、ぶつ切りの骨つき鶏を加えたら、米酒を二本注ぎ入れ、塩と氷砂糖で調味するというもの。台湾の米酒は餅米から作られる蒸留酒でアルコール度数は約二十度。これをひと鍋に一リットル以上使い、水は一滴も入れないというものなのです。読むだに、間違いなく温まるし、美味しいのでしょう。

苦茶油を使っても同じようにできるということなので、やってみましたが、台湾と同じ米酒は手近にはなく、日本の米焼酎を代わりに使うにしても、鍋に焼酎を一本どぼどぼと入れるには勇気が少々足りません。そもそも、揚げ物でもないのに、ごま油をカップ一杯とは。結局、出来上がったのは、なんちゃって苦茶油鶏（クチャヨウジー）。それでも、鶏を食べたあとのスープでそうめんをあえて食べてみたところ、かなりの美味しさで、幻の麻油麵線に一歩近づくことができた感じは十分しました。

現状では、台北の寧夏夜市(ニンシアイエシ)に麻油鶏の専門店があり、その店のメニューには麻油麺線もあることが確認されています。近いうちにきっと、本物の麻油麺線を食べることができるはず。今を去ること二十数年前の、あの味と再会できるかどうかは、その時のお楽しみです。

乾盤麵（ボルネオ）

いわゆる中国語圏の範囲はまず中国と台湾。以前はそこに、それぞれイギリスとポルトガル植民地時代の香港とマカオを加えて、両岸三地または四地と呼んだものです。さらに範囲を広げると、国民の七割が中国系で中国語が公用語の一つとなっているシンガポール。ここまでは普通問題なく中国語圏の中に入ってきます。見過ごされがちなのがマレーシアです。

マレーシアは公用語がマレーシア語、国教がイスラム教なので、中国系が中心のシンガポールとは国情が異なります。というよりも、第二次世界大戦後、旧イギリス植民地だった地域が統合されてマレーシアを形成したのち、中国系の人々が分離する形でシンガポールが建国された経緯があります。そのため、マレーシアに残った華人は国内人口の四分の一という少数派です。見過ごされがちなのも仕方がないところですが、実はマレーシアの人口総数は三〇〇〇万を越えています。そのため、全体の四分の一であっても、絶対数が八〇〇万人。この人数は、シンガポールの総人口五五〇万人を上回り、香港（七四〇万）

よりもなお多いのです。結果的に、たとえば香港映画のマーケットとしてなど、中国語圏では決して小さくない存在感を放ってきています。

しかもマレーシアの華人は、マレー人が多数を占める国で、自らのアイデンティティを守るため、コミュニティが資金を投じて、中国語で教育を行う「華文独立中学」を運営しています。そのため、マレーシア華人の中国語能力はかなり高く、皮肉なことに、華人が中心のシンガポールを凌駕するほどなのです。

中国語圏はすなわち中国料理圏。マレー半島の大都市クアラルンプール、ペナン、マラッカ、イポーなどには歴史の古いチャイナタウンがあり、漢字で看板を出した中国料理店が並んでいます。また、東マレーシアとも呼ばれるボルネオ島に位置するサバ、サラワクの二州では、非イスラム教徒の先住民が少なくないため、結果的に都市部の華人人口がマレー人人口を上回っているのです。

その東マレーシアに何度か行くことになったのは、オランウータンが暮らすジャングルや、猛暑の中に突然涼がもたらされる激しいスコールの魅力もありますが、英語のほかに、驚くほど中国語がよく通じることからくる親近感もありました。

当初、地元のおいしいものというと、有名なマレー料理のサテー（鶏や牛の串焼き）に心ひかれましたが、イスラム教徒のマレー人はお酒を飲まず、当然ながら酒類の販売もしません。けれども、スパイシーな串焼きを食べるなら、どうしたってビールが欲しい。いったい、どうしたらいいのでしょうか？

はい。答えは、中国系の店を探せ！　です。マレーシアでは、どの町にも必ず中国系住民＝華人がいて、商店を経営しています。そして、表からは見えなかったとしても、店の中には必ずビールがあるのです。表から見えるか見えないかは、その町におけるマレー人と華人の力関係、あるいはイスラム教の強さなどによるようです。

中国系の店は漢字で書かれた看板を掲げ、店先に肉まんを保温するケースを置いていたり、あるいはコピティアムと呼ばれるカフェの店先では麺類を作って売ったりしています。コピティアムを漢字で書けば「咖啡店」。その閩南語（びんなんご）読みがマレーシア語や地元の英語にも取り入られ、広く普及しているのです（なお、中国語表記は「茶室」です）。

そうした店で出されるのは主に軽食です。イギリス統治の影響が残るトーストに、地元名物のココナッツを原料とするカヤジャムや卵料理、「咖啡烏（コピオー）」ことブラックコーヒーであれば、フォークやスプーンが出されるでしょうが、麺類であれば、それは当然、箸と蓮華で食べるのです。

中国料理を一言で定義することは容易でありませんが、箸で食べる、というのは間違いなく一つの条件です。もう一つの条件は、店や料理が中国語の名称を持つことです。マレーシアのコピティアムは、東南アジアにおいて中国料理の最前線を形成していると言ってよいでしょう。

サラワク州が発祥の地といわれ、シンガポールを含むマレー半島部においてもさまざまなバリエーションが見られる辛みのあるスープ麺、ラクサ（叻沙（ルーシャ）・喇沙（ラーシャ））は、南洋華人の料理です。最近日本でも輸入食料品店などでインスタント版が売られていますね。サラワク州では、選択可能な各種の麺やビーフンが、鶏とエビの出汁にココナッツミルクと唐辛子などのスパイスを加えたスープに入って供されます。ラクサは地域ごとにさまざまな種類があり、ココナッツミルクなしで酸味の強いタイプもあります。ターメリックの存在感が強い場合は、カレーヌードルという英語訳も理解できないではありませんが、エビの出汁が効いている点は、どうしたって台湾は台南の名物担仔麺（タアミー）を思い起こさせます。

さらに、ボルネオ華人圏に独特の麺料理もあり、サラワク州の中心地クチンではコロミーというあえ麺が人気です。コロミーは漢字で書くと乾撈麺（ガンラオミエン）。マレーシアでは中国と同じ簡体字が使われているため、干捞面という表記が一般的です。直訳すれば、汁なしのあえ麺。哥罗面（グールオミエン）（哥羅麺）と書かれている場合はコロミーという発音の当て字です。醤油やラードを合わせたタレを器の底に入れておき、ゆであがった麺を盛ったところに、チャーシューや肉そぼろ、揚げかまぼこ、油葱（ヨウツォン）こと揚げエシャロット、青ネギなどを上からかけて出来上がりです。

　このコロミー、地味な見かけのわりにしみじみ美味しいのです。麺にはインスタントラーメンのように細め、やわらかめで波打ったものが使われていて、格別自慢すべき要素があるようには見えないシンプルさなのに。この麺は台湾や香港でも見られる卵麺の一種、意麺（または伊麺、伊府麺）で、生のまま流通する場合と、油で揚げてから流通する場合があります。インスタントラーメンは後者の大量生産版ということです。

　さて、ある年のクチン滞在中、ふと思いついて、町の真ん中を滔々と流れるコーヒー色のサラワク川に停泊した船に乗ってみたことがありました。ここを起点とする片道四時間ほどの航行で、一度外海に出てから、再度マレーシア最長というラジャン川をさかのぼり、サラワク州第二の都市シブまで行くことができるというのです。そこは木材輸出の拠点で、福建省福州出身の華人がたくさん住んでいるという話でした。

「そしたら、カンプアミーを食べるのよ」と教えてくれたのはクチン暮らし数十年という日本女性の方でした。「カンプアミー？」それは初めて聞く名前でした。「町の真ん中に中央市場があって、その二階が食堂街みたいになっているから、行けば食べられる」と親切に教えてくれました。

　実はシブという町については、ある本で読んだことがあったのです。それは昭和戦前の日本でベストセラーになった『ボルネオ　風下の国』という長編エッセイの作者で、アグネス・キースという名のアメリカ人女性が、戦後、ボルネオ三部作の三作目として書いた『白人の帰還』の一節でした。彼女は太平洋戦争中、クチンの日本軍収容所に入れられるなど辛酸を嘗めましたが、幸い生きて終戦を迎え、夫や子どもと再会、帰国を果たした経緯が二作目の『三人は帰った』に書かれ、ハリウッド映画にもなりました。そして、収容所で負った傷の回復を待つ間もないうちに、英領植民地政府に所属していた夫に新たな任務命令が下り、妻のアグネスも再度ボルネオに向かいます。しかし、第二次大戦を経た世界は大きく様変わりし、その象徴的出来事として記されていたのが、新たにイギリスから着任したサラワク総督の命運でした。彼は初めてのシブ訪問で船から陸地に降りたってすぐ、イギリスの支配に反対する現地の若者により暗殺されてしまったのです。

　現在のマレーシアでは、暗殺計画に加わったことでイギリス当局により処刑された人々は、祖国建設の礎になった英雄として、シブ市中心部の記念施設に埋葬されています。そうした過去を持つシブですが、事件から現在までに、半世紀以上の時が過ぎ、私たちが訪れた日は、多民族国家の人々が共に一つの社会を形成することを祝う「ワンマレーシア」のイベントがにぎやかに行われていました。多宗教、多民族のマレーシアでも、シブの民族融和度は群を抜いているそうで、屋台街では華人とイスラム教徒が、隣り合った場所で仲良く商売をしていました。また、夜には夜で、ちょうど中秋の名月の晩だったために、華人コミュニティ開催のカラオケ大会に行き当たりもしました。そもそも熱帯雨林の真ん中に、シブという町を開いたのは、二十世紀の初頭、イギリス出身の白人王による要請に応えて、中国福建省福州から、キリスト教徒にして革命家として知られた黄乃裳（ホワンナイシャン）に率いられ入植した千数百人の中国系移民だったのです。

　肝心のカンプアミーは、早朝から営業を始める市場が、午後早くに閉まる間際にかけこんで注文したところ、一見日本のソース焼きそばにも似た姿のものが出てきました。漢字表記は干盘面（ガンパンミエン）（乾盤麵）です。これまた地味な見かけをしていますが、食べてみると、やはり何とも言えず美味しい。またここを訪れたら、絶対に食べようと心に誓う美味しさでした。

　あとから、ネットで調べてみると、同じカンプアミーといっても、クチンのコロミーと同形式のものもあり、そちらはプレーン、市場で食べた方はたまり醬油にも似た醬油膏（ジャンヨウガオ）あえ、ということでした。どちらも味つけの基本は豚の脂身から取った純粋なラード。麵の上にはチャーシューの薄切りや油で揚げたエシャロットなどがトッピングされます。

　カンプアミーの漢字表記である乾盤麵と、コロミーの漢字表記である乾撈麵は、漢字が伝える内容としてはほとんど同じで、どちらも、ゆでて水分を切った麵という意味です。

その麺自体も、また味つけに使われる調味料にも、特別なものはないようでいて、他所には存在せず、一口食べたら誰もが「美味しい」と感嘆し、別の土地に住むシブっ子は全員がカンプアミーを思って枕を濡らすというのですから、麺の世界は奥深いものです。

シンガポールやクアラルンプールには、「サラワククイジーヌ」などと銘打って、コロミーやカンプアミーを出す店もあるにはあるようですが、やはり本場は間違いなく、サラワク州のクチンとシブ。そこに行けば、また食べたいし、また食べるに違いないのですが、なにせシブは空と海の向こうです。東京からクアラルンプールかコタキナバル経由でクチンに入り、そこからコーヒー色のサラワク川を船出して四時間。飛行機の便もあるにはありますが、数は限られています。

というわけで、マレーシア、サラワク州シブ市の福州系華人の味カンプアミーもまた、ほとんど幻に近い麺の一つだと言えるのです。

蝦子麵（香港）

昔々、早稲田大学の語学センターで広東語を勉強していた時の話です。クラスメートのひとりが香港旅行に行くと聞いた先生は、急に真剣な顔をして「もしできたら、買い物を頼めるかな」と言うのです。「スーパーでも売っているものだから、探すのは難しくないはずだけれど」。先生が頼んだのは、「蝦子麵（ハージーミン）」というものでした。「まあ、日本のインスタントラーメンみたいなものなんだけれど、ずっと美味しいんですよ。焼きそばにしても、ラーメンにしても」

その後、私自身、北京や広州に留学することになり、各地で御当地麵を味わいましたが、「蝦子麵」というものに出会う機会はないままで、時がたちました。ようやく出会うことができたのは、かれこれ十年の後、香港に住んで仕事をしていた時期です。

最初に出会ったのは、「蝦子麵」ではなく、もっと不思議な「蝦子柚皮（ハージーヤウペイ）」という料理でした。地元の新聞に食べ物エッセイを寄せている作家が、「昔ながらの伝統的な広東料理を出す店があるから、ちょっと一緒に行ってみないか」と誘ってくれた先で出された一品です。主な食材である柚皮は、果物の柚子の皮なのですが、香港でいう柚子は日本のものと違って、かなり大き目の柑橘類です。多分、日本語ではザボンとか文旦と呼ばれているもの。その分厚い皮の外側を削り取り、白いワタの部分だけをスープで煮てあり、上から小さな粒が、ちょうどあんぱんの上のケシの実のようにふりかけられています。「これが蝦子だ。広東省斗門の名産品」ということでした。

「蝦子柚皮」の味はというと、ザボンの皮自体に少し渋みがあり、またスポンジめいた食感もやや不思議で、全体として美味しいというほどでもなかったのですが、その名を聞いて、十年前に広東語の先生が話していた「蝦子麵」のことを思い出したのです。その場で尋ねてみたところ、「蝦子麵なら、確かにスーパーにもあるけれど、湾仔に専門店があるから、そこで買ったほうがいい」とのことでした。

　蝦子は直訳すると蝦の卵。甘エビやボタンエビの刺身で見かけることがあるような卵を思い浮かべましたが、実際には蝦ではなく、蟹の卵が多く使われているようです。それでもキャビアやイクラなど魚卵の仲間に当たり、小さい割に味が濃いことはまちがいないのです。そう聞いて思い出したのは、邱永漢の名著『食は広州に在り』で紹介されていた香港料理の蝦子豆腐です。凍豆腐を鶏スープで煮てから蝦子を加えて、もともと淡白な豆腐を濃厚に食べるという贅沢な料理の話でした。

最初に耳にした日から十年後、ようやく巡り合った蝦子麺（ハージーミン）は、子どものげんこつほどの大きさに丸められた乾麺で、卵麺と同じような褐色をしていました。それもそのはず、小麦粉に鶏や鴨の卵を加えて風味と歯応えを増した卵麺に、さらに蝦子を練り込んだものが蝦子麺なのです。そのため、蝦子麺の専門店ではほかに卵麺も売っているのが普通です。これらの麺は、一度蒸してから乾燥させてあるため、煮る時間が短くてすみます。熱湯に数分浸して、麺がほぐれたら、もう食べることができるのです。しかも、味の濃い甲殻類の卵が入っているので、お湯をそのままスープとして飲んでも美味しい。一九五〇年代から六〇年代に大流行したという話なので、きっと広東語の先生はその時代を香港で過ごしたのでしょう。

ところが、そのすぐのちにインスタントラーメンが登場したことで、蝦子麺は王座を奪われたというのです。今でも香港の夜景と聞いて、すぐに脳裏に浮かぶのは、ビクトリア港の岸辺に設置された巨大なカップヌードルの電飾広告です。台湾出身で日清食品を興した安藤百福（あんどうももふく）がチキンラーメンとカップヌードルを発明したことは、よく知られています。

蝦子麺は大量生産ができないためか、香港以外の場所で見かけることは少ないのですが、幸い日本には輸入されています。みつけたら、是非ためしてみてください。おすすめの食べ方は、広東炒麺（グワンドンチャオミエン）と卵スープのセットです。鍋にお湯を沸かし、麺を入れてほぐれたら、取り出します。その麺を油を引いたフライパンに入れて軽く焼きつけます。麺をお皿に出したら、同じフライパンで豚肉少々と青菜を炒めて、オイスターソースで味つけをし、麺の上に。鍋のお湯には、胡椒少々とごま油を加え、溶き卵を流し入れれば蛋花湯（ダンホワタン）の出来上がりです。広東語の先生が話していたように、鍋に入れたままで醤油を少し足し、ラーメンとして食べてもいいので、便利でお得だと言えるでしょう。

香港のスーパーでは乾燥した蝦子だけを胡椒のように瓶に入れたものも売られているので、家で蝦子豆腐などを作ることも理論的には可能ですが、豆腐料理は意外と難しいもの。蝦子麺のよいところは、それだけでもう十分に美味しいことです。残念ながら私の広東語は今一歩ものになりませんでしたが、蝦子麺についてだけは、何度も復習を繰り返して、しっかり身につけました、と先生に報告できそうです。

冷麺（北京）

～菜という言い方は、素菜（スウツァイ）（ベジタリアン料理）、清真菜（チンジェンツァイ）（ハラール料理）、あるいは炒め物などを指す熱菜（ルアツァイ）などを除けば、一般に特定の地方の名を北京菜、上海菜などと冠して使います。したがって、中国東北地方の料理を東北菜（ドンベイツァイ）と呼ぶことに何の不都合もありません。とはいえ、そう書かれた看板を初めて北京で大量に見かけたのは、店頭に水族館をしつらえた潮州菜の店が大繁殖していたのと同じ、二十世紀末のことでした。

私はその十数年前の留学生時代に、北京から大連、瀋陽、長春、ハルビン、さらには当時ソ連国境だった内モンゴル自治区の満州里（マンジョウリ）まで、汽車で旅行をした経験があるので、遼寧省瀋陽で食べた炭火焼肉、吉林省長春で食べたロシア風のメンチカツ、黒龍江省ハルビンで食べた巨大な酸っぱいパン、内モンゴル自治区の満州里で食べたチーズなどなど、その土地ならではの食べ物、食文化があることはよく知っています。また、黒龍江省チチハル出身の友達がいて、中華鍋いっぱい、東北風の豚肉ジャガイモ炒めを作ってもらい、そのダイナミックさに感服したこともありました。けれども、そうした料理をまとめて、東北菜という言い方をするものだろうか、とやや不思議な感じを抱いたのもまた事実です。

思えばそれは、中国共産党政権による社会主義市場経済政策が波に乗り、元朝以来の古都北京が大幅に変貌していく直前の時代でした。城南の古い街並みの中、強烈な臭いを放つ公衆トイレの向かい側に、東北菜という看板を掲げた、小さな個人経営の店がありました。今振り返ると、幻のような気がするのは、数年後に再訪したところ、すでにその店はおろか、公衆トイレのあった二車線の公道すら、まったく跡を残さずに、姿を消していたからです。


小さな店の中には、まだ年若い男の子と女の子がいて、手渡されたかなり分厚いメニューには、意外なことに朝鮮族の料理が並んでいました。朝鮮族とは、二十世紀前半に朝鮮半島の故郷を追われ、隣接する中国東北部に住み着いた人たちとその子孫です。北京には数十年の歴史を持つ延吉（イエンジー）という朝鮮料理店があり、私は留学時代からたびたび、そこへ冷麵を食べに行き、辛い味つけの牛肉料理や、八〇年代には犬肉料理も食べたことがありました。そのため、東北菜の店が実は朝鮮料理の店だったことは、私にしてみれば、むしろもっけの幸い。それまで食べたことのない明太魚（ミンタイユィ）こと干鱈（ひだら）の唐辛子あえも、その時初めて食べました。辛味の中に少々の甘味と旨味が感じられ、頼んで正解でした。

なぜだかはっきりとはわかりませんが、北京で食べる冷麵は、東京や大阪よりもずっと美味しいのです。焼肉に関しては、間違いなくトップレベルだわと感じる店でも、冷麺に関してだけは、北京にかないません。あの晩、北京城南の小さな店で出されたそれも、老舗の延吉に負けないほど美味しかったのです。おそらくそれは、冷麺というものが、そもそも朝鮮半島北部のものであるのに、日本でお店を開いているのは、南部出身の人が多いからではないでしょうか。他の地域の場合もそうですが、麺料理はシンプルである分、何がおいしさの秘密なのか、麺自体なのか、スープなのか、添えられた具なのか、それら全ての組み合わせなのか、謎である場合が多い気がします。

　あの店がなくなってしまったあとも、北京に行くたびごとに、延吉や三千里（サンチエンリ）焼肉店で冷麺を食べました。韓式と名乗る焼肉店でも、日本とはメニューが少し異なり、たとえばナムルに天然の山菜（中国語では野菜（イエツァイ））がたっぷり使われているなど、毎回、新たな発見や楽しみがあります。そうした中でも、あの「東北菜」の店の冷麺は特に美味しかった印象が強いのです。幻のように現れて、幻のように消えた、あの若い二人はいったいどこへ行ってしまったのでしょう。

　それから、また何年もが過ぎて、東京で東北菜の看板を掲げた店を見かけるようになりました。ひょっとして、あの北京城南の店のような感じなのかしら、と期待する気持ちも少しあったのですが、実際はずいぶん違いました。むしろ、内モンゴル風に、羊肉を使った料理を多く出す店なのです。私は羊肉が好きで、常に北京の羊料理を懐かしむ気持ちがあるものですから、久しぶりにクミンをまぶした羊の串焼きや、肉汁たっぷりの餃子などを食べることができて、そこそこ満足ではありました。それでも何となく物足りない気がするのは、いったいなぜなのでしょう。

おそらくは、あの店の冷麵や明太魚だけでなく、それらと一緒に消えてしまった北京城南の風情が、時に泣きたいほど恋しいためなのでしょう。乾燥した寒い北国の、オレンジ色の街灯が並木を照らす夜、灰色の壁がどこまでも続く古い道の、強烈な臭いを放つ公衆トイレの向かいで、年若い男の子と女の子が、少し不安そうに朝鮮料理を出していたあの東北菜の店に、一度でも行くことができて、本当によかったと心から思うのです。

第七章　中国料理と日式中華

白湯の湯

日本語には水とお湯がありますが、英語にも中国語にも、水だけがあって、単独でお湯を指す言葉はありません。零度から百度まで、液体である限り水は水です。そのため、お湯のことを、英語ではhot water、中国語では熱水（ルアシュイ）とわざわざ言うのです。

英語の事情はさておき、中国語について不思議なのは、湯という漢字は紀元前から存在し、そもそもはお湯を、特に温泉を意味していたのに、ある時期から、ほとんどお湯という意味では使われず、もっぱらスープを指すようになったということです。それはおよそ唐代のことらしく、それ以前は羹（ガン）という字がスープを表していたのに、徐々に湯（タン）の字が、汁気（しるけ）のある食べ物や、食べ物を水で煮て得た液体を指すようになったのだそうです。

文化には「辺境残存」と呼ばれる現象があり、それは歴史の流れの中で、中心部では失われてしまった現象が、辺境部に残存することを指します。日本列島は地理的に中国文明圏の辺境に位置するため、本場ではとうの昔に失われた文化が、今もこの列島には残っていたりするのです。奈良東大寺の正倉院に保存された文物（ぶんぶつ）が、古代に中国から伝わった文化を黙々と伝え続けていることはしばしば指摘されるところですし、日本を訪れた中国の知識人たちが、京都の景色の中に、長安の幻影を見ることも珍しくありません。より具体的な例としては、漢字の読音もそうです。中国古代の音が日本語の音読みに残っていることが少なくないのです。

いずれにせよ、現代中国語で湯といえば、それはスープのこと。湯麵（タンミエン）はスープヌードル、鶏湯（ジータン）はチキンスープ、清湯（チンタン）はすまし汁、白湯（パイタン）は豚肉の塊を煮たスープ、あるいは漢方で菊の花や薄荷（はっか）を煮出した白色の飲み薬のことです。

中国人は、一般に湯すなわちスープととらえています。そのため、初めて観光で日本を訪れ、温泉旅館に宿泊した人たちは、風呂場の入り口に下がった暖簾（のれん）に書かれた「男湯、女湯」の文字を見た際、まるで、『千と千尋の神隠し』に出てくる不思議な宿、油屋のごとき異空間に迷い込んだかのような驚きを覚えたといいます。また、そんなふうにびっくりした中国人たちによるちょっとした騒ぎが起きると日本人は「すわ喧嘩か」と誤解してしまうようで、そのような騒ぎから「喧嘩禁止」の注意書きを貼り出した宿もあったようです。しかし、そもそも中国語で喧嘩（シュアンホワ）は「がやがややかましい」という意味、ケンカというわけではないのです。

そういえば、『千と千尋〜』には湯婆婆（ゆばーば）というキャラクターが出てきました。湯たんぽという日本語の語源にあたる中国語は湯婆（タンポー）。この婆は妻を指します。昔々の中国人男性が、寝床を暖めてくれるものを指して「お湯女房」と呼んだのです。近くて遠い中国語圏との交流の面白さには、このように互いが同じ漢字に対して持つイメージが少々食い違うことで醸（かも）し出されるユーモアも含まれます。

さて、水とお湯の話に戻ると、中国語圏では体を冷やさないよう、氷水や清涼飲料水など、冷たい飲み物を敬遠する人が珍しくありません。伝統医学に基づくそうした考え方は、社会全体に浸透しているので、ウォーターサーバーに冷水ではなく、温水が貯えられていたり、ビールですら黙っていると常温で供されたりします。コーヒーやお茶に含まれるカフェインは、体を冷やす成分が入っているからと、ホットであっても飲まず、何を勧めても、頑なに「白開水（バイカイシュイ）を」と言う人たちもいるほどです。

開水（カイシュイ）とはぐつぐつと沸騰したお湯のこと。ぐつぐつ沸く様を「開く」と表現するのです。大陸では生水を飲めない地域が多いため、水は一度沸かしてから飲むのが、古代からの習慣。ウォーターサーバーやペットボトルが登場するはるか以前から、中国では魔法瓶に入れられた開水が、オフィスや長距離列車の中などさまざまな場所に置かれていたのを見た人も多いでしょう。

列車の中に熱湯が置かれていると、そのまま持参のカップに注いで飲んだり、手持ちの茶葉を入れたり、あるいはインスタント麺を食べたりもできて、とても便利に感じたものです。そういえば、中国映画史上のベスト作品に挙げられることも多いチャン・イーモウ監督の『活きる』で、主人公が破産したあと、コン・リー演じる妻は、ボイラー室で沸かした湯を、魔法瓶に詰めて各家庭に配る仕事につきました。湯沸かし器が普及する以前、一九四〇年代後半の話です。

白開水は、お茶などを加えていない純粋な開水という意味です。つまり、ただのお湯。その白開水を冷ましたものを涼開水（リャンカイシュイ）や冷開水（ロンカイシュイ）、冷蔵庫で冷やしたり、氷を加えたものを冰（ビン）（氷）開水（カイシュイ）と言ったりもします。言い換えると、日本人が「お水」と呼ぶものを、中国人は「冷えた熱湯」と呼んでいるわけです。

さて、二〇二三年、中国の検索サイト「百度漢語（バイドゥハンユイ）」で「湯」の項を見てみたところ、こんな記述がありました。「日本語では、何も加えていない熱水を白湯と呼び、ディトックス効果を持ち、飲むとからだによいと芸能人の間で流行している」。この認識が定着すれば、中国語で湯の字が再び熱水の意味で使われる日が戻ってこないとは限りません。文化の伝達は一方向とは限らないという事実を改めて確認させられる思いがします。

エビチリのチリ

さまざまなアンケートの結果を見ると、日本で人気のある中国料理のベストテンは、餃子、麻婆豆腐、エビチリ、青椒肉絲、小籠包、春巻、肉まん、チャーハン、酢豚、担々麵といったあたりのようです。そのうち、本場中国料理圏の人から見て、納得がいきやすいのは小籠包、春巻、酢豚あたり。

反対に肉まんや青椒肉絲は、「日常的すぎて、何が珍しいのかわからない」という反応を呼びます。麻婆豆腐と担々麵については、「四川料理は花椒と唐辛子のピリピリが売りものなのに、日本に渡るとなぜか辛味が減って甘くなっている」と指摘されがちです。日本の食べ物は中国人からみると、全般的に甘いことが特徴なのです。

餃子に関しては、中国だと打ち立ての皮で包み、ゆであげを食べるのが一般的なので、「なぜ焼いてしまうのか、なぜ白米のおかずになるのか」とカルチャーショックを覚える人も少なからずいる模様。さらにチャーハンについては、中国では揚州炒飯、福建炒飯、広東炒飯などと地域ごとに、あるいは蟹炒飯、蝦炒飯、青菜入りの翡翠(ひすい)炒飯などと材料によって細分化されているため、日本のチャーハンは「揚州チャーハンと福建チャーハンの真ん中あたり」と説明され、一地方バージョンという受け止め方になります。

ベストテン入りしている中で、中国人から見て、最も謎めいているのがエビチリだと言えるでしょう。なにしろ、餃子、麻婆豆腐、エビチリ、青椒肉絲、小籠包、春巻と並べて見るとわかるように、唯一名称が中国語でないばかりか、日本語のエビに英語のチリを合体させた和製英語なのです。はい、チリとは英語のチリペッパー、すなわち唐辛子のことです。

このエビチリが、中国料理の乾焼蝦仁（ガンシャオシャーレン）を元ネタにしていることは、日本でも中国でも関係者の間では共通認識となっています。では乾焼蝦仁とは、いったいどのような料理かという点になると、中国側では若干首をかしげる人が多いのです。麻婆豆腐のような有名料理ではなく、青椒肉絲のようにただ材料名を単純に並べただけでもない。

後半の蝦仁（シャーレン）は材料の小エビを指し、ひとまわり大きなエビを使う場合には乾焼明蝦（ガンシャオミンシャー）などと名称が変わってきます。前半の乾焼（ガンシャオ）は料理法の一種で、通常は油で揚げるなどして一度火を通した材料を、鍋に沸かした調味液に投入して、水分が飛んで材料に味がからむまで煮るものです。最もよく登場するのは尾頭（おかしら）つきの魚ですが、筍など野菜を乾焼にすることもあります。

中国料理でエビというと、産地なら蒸したり、塩ゆでにしたものを殻をむきながら食べたり、そうでなければ殻ごと揚げてから香辛料をまぶしたものが多い印象です。沿海地域では卵やえんどう豆、あるいは茶葉とむきエビを炒めたりすることもありますが、乾焼は本来エビの料理法として一般的ではありませんでした。しかも日本でおなじみのエビチリは、ケチャップの甘みが強い上に、たっぷりのソースに片栗粉で思い切りとろみをつけてあり、エビとソースのどちらが主役かわからないほどになっています（この点は同じ日式中華の中華丼に通じるものがあるようです）。正直なところ、水分を飛ばして仕上げる乾焼とは言い難いものなのです。

日本式エビチリの創始者が一九五八年、東京田村町に四川飯店を開いた陳建民であることはよく知られています。陳は四川省出身で、中国の国共内戦中（一九四六―四九年）に故郷を離れて当時の首都南京へ、そこから最大の都市上海に行き、台湾へと渡り、のちに香港を経て来日したということです。日中戦争中、当時の四川省重慶に疎開していた中華民国政府や財界関係者が戦後に戻った上海では、現地化した海派川菜（ハイパイチュワンツァイ）（上海式四川料理）が流行。また、香港はイギリス植民地だったために、西洋人居住者や観光客も多く、彼らの好みに合わせてケチャップなど西洋調味料をつかった中国料理も一部で根づいていました。おそらく陳は、そうした知識や見聞をもとに、もともと辛味が苦手で、海産物と甘いものに目がない日本人向けに、ケチャップと砂糖にたっぷりのとろみを加えたエビチリを開発したのでしょう。そして微量の唐辛子をチリと英語で呼んだのも（上）海派や（香）港式の影響だと考えれば、納得のいくところです。

この日本式乾焼蝦仁が、のちに本場中国でも広く知られるようになったのは、RPGゲームの『食物語』に登場するエビチリという名のキャラクターによるそうです。それまで乾焼蝦仁になじみがなかった人でも、「ケチャップを使ったエビの甘酢あんかけ」と聞けば、すぐにイメージが湧きます。面白いことに、中国語の検索サイトには「乾焼蝦仁は中国料理か」という質問があげられています。答える側は「もちろん」と受け合い、結果としてケチャップ味のエビチリのレシピが広がり、受容されていった模様です。

かつて漫画、アニメの『ドラゴンボール』に登場する天津飯（てんしんはん）というキャラクターについても、中国のファンの間で一時期話題になったことがありましたが、その結果中国で天津飯が流行するには至りませんでした。ただし、現在では、『ドラゴンボール』誕生の前年（一九八三年）に天津で生まれ、芸名として天津飯を名乗る有名ラッパーが存在し、人気を集めているということです。

メンマのマ

これより重大な発表を行います。メンマは中国語ではありません！　第二次世界大戦後に日本で作られた和製漢語です。

命名者は台湾出身で中華食品商社丸松物産の創業者である松村秋水(まつむらしゅうすい)。それ以前、支那竹(しなちく)と呼ばれていたものを、政治的な配慮からメンマに改名したそうです。その語源は「麺に乗せる麻竹(まちく)（メンマの材料）」だと同社のホームページでは説明されています。

現在でも、メンマを麺麻(ミエンマー)と呼ぶ言い方は中国語にはありません。中国語の検索サイトにあたってみても、メンマという単語は、日本製の漫画『ＮＡＲＵＴＯ』、アニメ『あの日見た花の名前を僕達はまだ知らない。』の登場人物名としてしか上がってきません。それ以外は、簡体字の「面麻」が「顔面麻痺」の意で出てくるのみ！

メンマは日本の食文化史上、たいへん重要な存在です。なぜならば、私見によると、メンマなくして日本のラーメンは成立しなかったと考えられるからです。ラーメンの主要構成要素である黄色い鹹水麺(かんすいめん)は、中国の福建省、広東省、および台湾で油麵(ヨウミエン)などと呼ばれ、広く普及している麺の仲間です。マレーシアなど東南アジアで福建麺と呼ばれている麺も同類です。この麺が持つ独特の香りに加えて、メンマが発する発酵食品ならではの酸味が加わることで、ラーメンの基調となる味が出来上がり、日本では食べる機会の少なかったチャーシューこと煮豚の薄切りや、海苔、鳴門巻などを加えてラーメンの前身である中華そばが完成したのです。

ついでに加えると、ラーメンが本来中国料理圏のものではなく、日本由来だと強く感じさせる根拠の一つは、その見かけにあります。スープそばの上に、チャーシュー、メンマ、海苔、鳴門巻（なるとまき）を点々と配置した様子は、日本蕎麦屋のおかめそばや鍋焼きうどんを彷彿とさせるもの。中華圏の麺類、たとえば担々麺やジャージャン麺などしっかりかき混ぜてから食べるべきもの、あるいは一種類の具材を強調した牛肉麺などとははっきり異なるたたずまいではありませんか。

メンマ（麵麻）は和製漢語ですが、筍乾（スンガン）とよばれる乾燥麻竹の子を戻して煮たり、炒めたりしたものは、中国南部や台湾の特に客家地区でよく食べられています。客家は歴史的に他の漢族グループとは一線を画す集団で、しばしば土地の痩（や）せた山間地に居住したことから、保存食作りに長けているのです。彼らは旬になるといっせいに土から頭を出す筍を、収穫してすぐ蒸し煮し、密封することで自然発酵させる、さらに日に干して塩漬けにするなど、いくつかの異なる方法で筍を保存してきました。筍は掘り出さなければ、あっという間に竹に成長してしまうし、掘り出したところで、足が早く、急いで加工しないことには、すぐに傷(いた)んでしまうのです。

水で戻した筍乾片(スンガンピエン)を豚のバラ肉などと醤油味で炒めたものは、今日まで定番の料理として、台湾の客家(はっか)料理店などで食べることができます。ただし、それを日本のラーメンのようなスープ麺にトッピングして乗せ、食べる習慣はありません。したがって「麺に乗せる麻竹」としてのメンマは、日本独自のものだと言えるかもしれません。

日本におけるメンマの歴史は、明治時代に、横浜の外国人居留地で華僑貿易商が台湾から筍乾を輸入したのが始まりのようです。中国南部でも筍乾は生産されていましたが、二十世紀後半まで、台湾産のものが日本市場を席巻していました。

支那竹の名で長く親しまれたとはいえ、もっぱらラーメンの具材としてのみ食べられていたものが、その枠を越え、家庭の食卓にまで進出したのは、一九六八年に桃屋が瓶詰めのメンマと搾菜(ざーさい)を同時発売してからのちのことです。それまでは海苔の佃煮江戸むらさきと花らっきょうを売っていた会社が、エキゾチックな外国食品であるメンマと搾菜を売り出し、テレビでも大々的に広告を打ったことは、当時の日本の子どもたちにとって、大変印象的な一つの事件でした。最初にメンマと命名した松村秋水の丸松物産による商標登録がうまくいかなかったために、この時よりメンマは、一般名詞として日本語の語彙に加わることとなりました。

ちなみに搾菜のほうは、中国でも二十世紀に入って普及した比較的新しい食品でありながら、細切りにして豚肉と炒めた搾菜肉絲（ジャーツァイロース）やそのスープ版である搾菜肉絲湯などに広く使われています。それに対し、メンマのほうは現地だと「筍乾というのは昔からある乾物でしょう？（何が珍しいの？）」という認識のまま、改めて流行するには至らず、結果的に日式拉麵の具材や日本アニメの登場人物など、日本的なイメージを喚起する食品になっていることは、何とも面白く感じられます。

人参と羊

「中国語だと大根は蘿蔔（ルオボ）、人参は紅蘿蔔（ホンルオボ）というので、日本語を勉強するまで、大根と人参（にんじん）は同じ野菜の色違いだと思っていました」。ある時、台湾出身の芥川賞作家、李琴峰（りことみ）さんがそう話していました。人参については、西域（中央アジア方面）から伝来したという意味で、胡蘿蔔（フールオボ）という呼び名もありますが、やはり大根を指す蘿蔔の二文字が入っています。では、その点、日本語は大根と人参の区別がはっきりしていて分かりやすい、と言えるでしょうか。確かに、大根と人参の区別に関してだけであれば、そう言うことができるかもしれません。問題は、人参（レンシェン）という語が中国語にもあって、それが野菜の人参ではなく朝鮮人参を指すということです。

野菜の人参と漢方薬材の朝鮮人参に同じ語が使われていることを、ほとんどの日本語話者は意識すらしていないと想像しますが、中国語圏では朝鮮人参の存在感が、比較にならないほど大きいのです。どれくらい大きいかというと、外国に出て勉強している留学生が、実家から送られてくる差し入れの荷物を開けると、かなりの割合で朝鮮人参が出てくるほどです。たいていは切手くらいに小さく切ったものが袋詰めにされていて、毎日一つずつ、サプリのように摂ることになっています。

さらに、海鼠（なまこ）のことを中国語で海参（ハイシェン）と呼ぶのは、海鼠が朝鮮人参と同様に滋養強壮効果を持つ薬材としても認められているためであって、形が野菜の人参と似ているためではありません。また、極東ロシアのウラジオストックの中国名は海参崴（ハイシェンワイ）。一八六〇年にロシアに割譲されるまで、明代、清代を通じて中国領であり、海鼠がたくさん取れる場所として有名だったため、ということです。

翻訳に携わる人はみな、動物名、植物名の訳語に頭を悩ませるといいます。動植物は種類が多く、地域によって分布している品種も異なるため、同じ名称で呼ばれているものが同じ品種とは限らないからです。私自身も翻訳の仕事をする中で、疑問にぶつかったことがありました。それは台湾の羊肉についてです。

中国料理圏で羊は一般的な食材です。もともと羊という漢字は吉祥の祥と同じで、大の字と合わせると美になるほどに、羊はイメージがよい動物であり、食材でもあるのです。中国の長江より北では、冬の寒い日に羊のしゃぶしゃぶを食べて体を温める習慣があります。特に首都北京では、長らく皇帝や貴族の食卓に届ける羊を扱ってきたことから、羊の飼い方についても、肉を処理する方法についても、明らかに一日の長があり、老舗料理屋で食べる羊は「賽豆腐（サイドウフ）（豆腐といい勝負）」と呼ばれるほどに柔らかいものなのです。

ところが不思議なことに、亜熱帯から熱帯に属する台湾にも、羊肉爐（ヤンロールー）と呼ばれる鍋料理があるのです。この羊鍋は、中国のものとは味も食感も大きく異なります。漢方の生薬を大量に使うため、独特の風味があるし、肉も硬くて、一体なぜ、台湾の羊鍋は北京とこんなにも違うのか、という疑問を長年心の底あたりで感じてはいました。そして、台湾発の食べ物文学ベストセラー作品『オールド台湾食卓記――祖母、母、私の行きつけの店』を翻訳している時、著者の母伝来の羊肉スープのくだりで、どうにも筆が引っかかるのです。何か「違う」という気がしてならないのです。

そこで、台湾の羊肉爐や羊スープについて、さまざまに調査、検索を重ねるうちに、どうやら問題がぼんやりながら見えてきました。そこで著者の洪愛珠（ホンアイジュ）さんに、直接尋ねることにしたのです。

「この羊肉は、緬羊（めんよう）ですか、山羊（やぎ）ですか」

すると、返って来た答えは、

「山羊です」

その一言で、長年の疑問が一気に氷解しました。

中国料理において、食べ物の属性、すなわち体を温めるか冷やすかが重要であることはご存じかと思います。中国北部で食べる緬羊肉は、体を温めるため、冬の料理の代名詞的存在になっています。ところが、山羊の肉は反対に体を冷やす性質を持つことから、日本では沖縄、中国圏では台湾のように暑い地域で、もっぱら食べられてきた、というわけなのでした。

それにしても不思議なのは、台湾では一般に山羊と緬羊を区別せず、どちらも羊と呼んでいることです。実際のところ、台湾で育てられている羊とは、ほぼ間違いなく山羊のことで、有名な「(台湾)岡山(ガンシャン)の羊肉」も、山羊肉ですからお間違えなく。それでは、中国ではどうなっているのかと確認すると、通常、羊といったら緬羊に決まってはいるものの、多くの人は「緬羊も山羊も羊のうち」という認識で、必ずしもはっきりと区別を認識しているわけではないようなので、再度驚いたのでした。

山珍海味

日本語でいう山海の珍味は、中国語だと山珍海味（シャンジェンハイウェイ）になります。二つの単語をただ直列に並べるのではなく、一文字ずつにばらしてから、たがい違いにはめ込むことで、建築物の「木組」のように安定した四字熟語を形成するというわけです。

さて、今では世界各地で人気の寿司ですが、一九八〇年代までは、外国の人に生魚を食べると話すと「ぎゃっ」という反応をされることが多かったものです。中国でも事情は同じで、当時は高級ホテルの日本食レストラン以外では、刺身も寿司も食べられず、その分、時々無性（むしょう）に食べたくなったものでした。

広州の中山大学に留学中のあるとき、広東省農村部出身の同級生に、その話をしてみたことがありました。彼女は、私の話をうなずきながら聞き終えてから、こう続けたのでした。

「わかる、わかる。私も実家では食べられるのに、広州では食べられないものがあって、すごく食べたいの。それはね、お米の上にカエルを一匹乗せて、そのまま土鍋で蒸したご飯。おいしいのよ。うーん、食べたい」

「……」

咄嗟に返事ができませんでしたが、忘れられない経験になりました。ある文化ではごちそうにあたるものが、別の文化では「ぎゃっ」あるいは「……」という反応を呼ぶことはままあるものなのです。カエルは中国料理だけでなく、フランス料理でも普通に使われる食材で、広州あたりでは、わざわざ自分で注文しなくても、宴会料理のコースに含まれていることがあります。田鶏というのが、レストラン料理の食材としての名前で、日本語の食用蛙よりもしゃれていますね。炒めものに入っていても、特に違和感がなく、鶏肉かなと思って食べている人が結構います。

中国の食べ物というと、すぐに蛇や蚕や蠍などを持ち出す人がままありますが、珍しい食材は珍しいことに価値があるわけで、通常の食べ物とは違います。私も蛇のスープや駱駝の掌を食べる機会がありましたが、特に美味しいとか、また食べたいというようなものではありません。虫の類は昨今話題の昆虫食を持ち出すまでもなく、日本でも昔から山間部でイナゴや蜂の子が佃煮などに料理され、食べられてきました。毒を持つ蠍は、確かにぞっとしますが、「ふぐを高級魚としてありがたがる日本人に言われても……」、というのが世界的に見ても大半の反応ではないでしょうか。ただし、中国語に「ゲテモノ」にあたる表現がないことは指摘しておきましょう。

中国料理は全体として、日本料理より食材の種類が多く、またそれぞれを食べ尽くす傾向にあります。たとえば、香港では尾頭つきの蒸し魚をレストランで注文すると、頭の部分が一番おいしいからと、お客さんの皿にわざわざ取り分けてくれることがよくあります。日本でも、鯛(たい)の頭を兜蒸(かぶとむ)しや潮汁(うしおじる)にして食べることはありますが、蒸したハタなどの魚の頭を、香港の人たちのように丁寧に食べ尽くし、頭蓋骨(ずがいこつ)だけをきれいに残せるまでには、一定の訓練が必要です。また飲茶に登場する点心のうち、鶏の爪先を煮た鳳爪(フォンジュア)が女性の好物ということになっていて、「さあさあ、好きなだけ食べて」と皿に積み上げられたのを前に呆然としたことも、一度ならずありました。

海の幸にしても、牛豚禽類にしても、頭や爪先、内臓などの部分が珍味として珍重されるのは、決して珍しいことではありません。日本で塩焼きした秋刀魚のはらわたが喜ばれるのは、魚を食べて生きてきた歴史と文化があるから。肉食の伝統を持つ中国圏で、豚牛鶏鴨などの頭や爪先、内臓が喜ばれるのはごく自然なことなのでしょう。

北京ダックを食べる場合には、まず前菜として、レバー料理の鹽(イエン)(塩)水鴨肝(シュイヤーガン)を頼んで食べたいもの。これは中国版フォアグラです。メニューに芥末鴨掌(ジエモーヤージャン)とあるのは、鴨の爪先の骨を外して辛子あえにしたもので、食べやすいし、こりこりした食感も捨てがたいものです。そのあと、まずはローストされたダックの皮を味わい、次に肉をクレープのような餅（ビン）に包んで食べ、最後に残った骨でスープを取っていただくのが「烤鴨三吃（カオヤーサンチー）」と呼ばれる通常の流れですが、骨はカラッとするまで揚げて塩胡椒で味つけするというオプションもあり、それはそれでおつまみにいいものです。

台湾で人気の鵞鳥肉（がちょうにく）料理店でも、味の染みた胸肉、もも肉のほかに、心臓、砂肝、腸、レバーなどが副菜としてメニューに上がっています。それぞれ食感が違っていて、面白いものです。鴨にしろ鵞鳥にしろ、食べる以上は全部食べるというのが、基本的な態度だということですね。

豚肉の場合、レバーは日本でもレバニラ炒めが定番になっていますが、中国語圏には大腸、いわゆるホルモンの料理も数多くあります。台湾ではとろっとしたスープ（羹（ガン））で具と細い麵を煮た大腸麵線（ダーチャンミエンシエン）がおやつがわり。山東料理で有名な九転大腸（ジウジュワンダーチャン）は、長い腸をまずは丁寧に洗浄して、腕まくりするかのように、内側に巻き込み一口大にしたら、柔らかく蒸して、最後に甘辛のタレで煮つけたもので、美味しいものに目がない方は、メニューに見かけたら、ぜひ頼んだほうがよいでしょう。他にも、脆皮大腸（ツイピーダーチャン）は外側がさくっとなるよう油で揚げたものです。

台北などの切仔麵（チエザイミエン）店で出す、とびきり新鮮な豚肉や内臓をゆであげたもののバラエティ

九転大腸

ーは、大変な数に上ります。バラ肉、赤身肉、頬肉、皮、軟骨、心臓、レバー、肺、横隔膜（おうかくまく）、大腸、小腸などなど。こうなると、日本で私たちが食べている豚肉の内臓は、きちんと無駄なく消費されているのだろうかと心配になるほどです。ほかにも、丁寧に処理して煮込んだ豚の耳や舌、尻尾、足もしばしば料理屋のメニューに登場します。

さらに、中国語圏では家畜の血液も内臓肉と同様の扱いで食べられています。鶏、鴨、豚の血を餅米（もちごめ）に吸わせて蒸したものは、血糕（シエガオ）と呼ばれ、コンビニのおでんにも串刺しされて入っているほど、ポピュラーな食べ物です。ほかに新鮮な豚の血に塩と水を加えて蒸し固めたものは猪紅（ジューホン）といって、前菜、煮物やスープの具などさまざまな料理に登場します。ちなみに猪は中国語で豚のこと。日本で言う猪（いのしし）は中国語だと野猪（イエジュー）です。この猪紅は、漢方医学的に言うと、食べると肺がきれいになり、気持ちが落ち着く作用があるそうです。

牛の内臓を牛雑(ガウザップ)として供するのは、香港の屋台店です。一説によると、豚肉を食べないイスラム教徒が、そもそもは広州で始めた商売が各地に広がったのだとか。おでんのように調味したスープの中で、牛の胃や心臓、レバー、肺などがかたまりのまま大根とともに煮てあり、注文を受けて切り分けるのが定番です。牛肚(ガウトウ)と表記されるのは、牛の四つの胃袋の中でも、焼肉屋ではハチノス、イタリア料理にはトリッパとして登場する部分です。

半世紀前、生魚を食べるなど考えもしなかった各国の人々が、今日ではお寿司を喜んで食べています。彼らの嬉しそうな顔を見ると、楽しく味わえるものの幅が広がることで人生がより豊かになるのだと、よくわかります。

「町中華」から「ガチ中華」へ

中国語圏から日本への料理伝来は、歴史上いくつかの波が押し寄せる形でなされました。明治初期の外国人居留地に、香港などから西洋人とともに来日した料理人によって。日清戦争後、日本への留学がブームになった時期に、和食に慣れない中国人学生たちの空腹を満たすべく開かれた飯屋によって。第二次世界大戦後、外地から引き揚げた日本人帰国者によって、などなどです。

それぞれの時期に伝わり、日本各地に定着した料理は、次第次第に日本人客の舌に合うように変容していったのでしょう。それがいわゆる「町中華」で、もとは中国料理であっても、だんだんと日本の食文化に溶け込んでいったのです。

横浜の中華街や神戸の南京町（なんきんまち）には、その時代時代で、新たに来日した中国系の人たちが加わり、いつも中国各地の方言が響いてはいましたが、料理自体はやはり、本格中華というよりも、日本化したものが中心となりました。それは、日本人客を相手とする商売であれば、その時々に客が求める料理を提供していくほうがお互いにとっていいわけで、むしろ自然な展開だったと言えるでしょう。

高価なコースメニューを売り物とする中国料理店は、宴会需要を満たしてきたという意味では、日本社会に根づいた存在ですが、海外のチャイナタウンとは、趣を異にします。一般にチャイナタウンは中国系の人たちが暮らしを支え合う必要から生まれ、そうした本質が貫かれるために、観光地としての機能は二番目以下にくるのです。

一九八〇年代、中国が開放改革政策に転じた時期、数十年ぶりに留学生として来日した人々は、定住すると、新華僑と呼ばれるようになりました。そうした人々の生活需要を満たすべく、新たに生まれた食料品店やレストランは、池袋北口に集中し、徐々に首都圏でも横浜とは一線を画す池袋チャイナタウンとして認知されるようになります。

二〇一〇年代になると、第一世代の子どもたちは成人し、経済発展を遂げた中国から新たに来日する若い人たちも増えました。インバウンドの旅行客だけでなく、留学生として来日し、仕事につく人たちが大勢います。そうした人々を主たる対象として、高田馬場、新小岩、西川口、御徒町などで、同時代の中国で流行しているスタイルの店が、フランチャイズ形式も含めて、次々に開店。こうした店の料理を日本人が「ガチ中華」と呼んだのは、「町中華」に対してという意味と、人々の生活に根ざしているという意味の、両方の観察があってのことだろうと推測します。

「ガチ中華」の特徴として、有名な四大菜系以外にも、さまざまな地方の料理が提供されるようになったことが挙げられます。これは、来日する中国人の出身地が、上海などに集中していた時代に比べて広範囲になったこと、さらに中国国内のグルメブームで各地の料理を楽しむライフスタイルが定着したことが背景にあります。

たとえば福建料理や、一九九七年に四川省から分離され、中央政府の直轄市となった重慶の料理。本書でも八大菜系のひとつとして紹介した湖南省の料理。在日中国人の多くがルーツを持つ東北地方の料理など。これら、暑さ、寒さの厳しい土地で、日常的に食べられている料理は、パンチの効いた麻辣（マーラー）、酸辣（スワンラー）の味つけや、剁椒（ドゥオジャオ）（刻み唐辛子）、紅油（ホンヨウ）（ラー油）、蒜蓉（スワンロン）（ニンニクのみじん切り）、韭菜（ジウツァイ）（ニラ）などの香辛料をたっぷり使ったものが目立ちます。

さいわい、ネイティブの顧客を主な対象とする店であっても、初めての人でも注文しやすいようにと、メニューに写真を添えるところが増えてきました。知っている中国語の単語がいくつかでもあると、メニューを読み解きつつ、未知の分野に挑戦する楽しみも味わえるのではないでしょうか。

メニューの中国語

本書の最後に、中国語圏でレストランのメニューに見られる言葉について説明します。料理名が解読できると、注文できる範囲、食べられる世界が広がって、中国語の「口福」を堪能できますよ。中国料理の名称は、調理法と素材、二文字プラス二文字の組み合わせが基本で、他に二文字、三文字、五文字も見られます。まずは前菜から。「涼拌《リャンバン》」（涼拌）で「冷たいあえもの」なので、「涼拌黄瓜《リャンバンホワングワ》」（涼拌黄瓜）、「涼拌猪耳《リャンバンジュウアル》」（涼拌猪耳）、「涼拌木耳《リャンバンムーアル》」（涼拌木耳）、「涼拌土豆丝《リャンバントウドウス》」（涼拌土豆絲）は、それぞれキュウリ、豚の耳、キクラゲ、ジャガイモのせん切りあえ。素材が二種類の時は、そのまま材料名を並べて「皮蛋豆腐《ピーダンドウフ》」、「海帯粉皮《ハイダイフェンピー》」（海帯粉皮＝昆布板春雨）などとなります。

メインとなる料理の名称も構造は同じです。湘菜《シャンツァイ》（湖南料理）の一品「剁椒鱼块《ドゥオジャオユィクアイ》」（剁椒魚塊）ならば、最初の二文字（剁椒）が「刻み唐辛子（の酒塩漬け）」で、後半二文字（鱼块＝魚塊）が「魚のぶつ切り」。麻辣が先頭に来る「麻辣火锅《マーラーフオグオ》」（麻辣火鍋）は、舌が痺れる鍋料理。「麻辣鸭头《マーラーヤートウ》」（麻辣鴨頭）ならば舌が痺れる鴨の頭。魚香《ユィシャン》味も四川料理で人気があります。発酵させた唐辛子に醬油、酢、ニンニク、生姜、ネギなどを合わせた味つけです。「魚」の字が入っているのは、もともと魚料理に使われていた合わせ調味料を「魚香」と呼んだためのようです。一番人気は、「鱼香肉丝」（魚香肉絲）。次が「鱼香茄子」（魚香茄子）でしょうか。

肉類は、単に肉といったら常に豚肉（中国語は猪肉）で、ほかに牛、羊、鶏、鴨、鵞鳥の頭から足先までが、内臓を含めて定番食材です。牛尾はオックステール、鸭脖（鴨脖）は鴨の首、鸡屁股（雞屁股）は鶏のお尻（ぼんじり）。兎や蛙もメニューの常連です。「香酥排骨」は、「香」が「美味」、酥（原義は乳脂）が「さくっ」という食感を表わし、排骨は（特に記されなければ豚の）スペアリブなので、全体で「スペアリブの香り揚げ」。台湾夜市の人気メニュー「盐酥鸡」（鹽酥雞）は、最初の二字が「塩＋さくっ」で鶏の唐揚げに塩をまぶしたもの。

内臓系は、まとめて「雑」（または什）や「下水」と呼ばれ、「牛杂」（牛雜）が「牛モツ」、「酸辣鸡杂」（酸辣雞雜）は「酸辣味の鶏モツ」です。北京料理の「炖吊子」（燉吊子）は、豚の肺、胃袋、大腸を丁寧に下処理して煮込んだ庶民の味。「炖」（燉）とはとろ火で柔らかくなるまで煮込むこと。日本の居酒屋が出すモツ煮込みの原型でしょうか。台湾には「下水湯」といって、鶏のハツ、砂肝、レバーなどがたっぷり入ったスープがあります。

「～湯」はスープの意味です。

内臓を個別に見ると、肚《ドゥ》が胃袋なので、牛肚《ニウドゥー》はハチノス、千层肚《チエンツォンドゥ》（千層肚）がセンマイ、猪肚《ジュウドゥー》（豬肚）はガツ。ほかに肺《フェイ》、腰花《ヤオホア》（腎臓）、肝《ガン》（レバー）、猪手《ジュウショウ》・猪脚《ジュウジャオ》（豬手・豬腳＝豚足）。猪血《ジュウシュエ》（豬血）、鸭血《ヤーシュエ》（鴨血）、鸡血糕《ジーシュエガオ》（雞血糕）も「ガチ中華」では頻出。モツ類は丸のままゆであげるか、「卤汁《ルージー》」（滷汁）と呼ばれる混合調味汁で煮込んであり、注文を受けてからスライスしたものを、麺のおかずや前菜、ビールのつまみにすることが多いようです。これら内臓肉などは、老若男女みんなが食べる一般食材です。

腸は「肥肠《フェイチャン》」（肥腸）でホルモン、「香肠《シャンチャン》」（香腸）は腸詰＝ソーセージ、冬の風に当ててサラミのように乾燥させたものは「腊肠《ラーチャン》」（臘腸）。ほかに、餅米の腸詰め「糯米肠《ヌオミーチャン》」（糯米腸）もあり、餅米は焼売の具としても定番。「丸子《ワンズ》」は（肉）団子で、贡丸《ゴンワン》（貢丸）とも。魚や芋、豆腐、野菜類の団子もあるので、アジア各地で人気のちびまるこちゃん（桜《イン》桃小丸子《タオシャオワンズ》）は中国語だと「さくらんぼ団子」の意味になります。「腊肉《ラーロー》」（臘肉）は塩漬けの豚バラを軒下にぶら下げ、風に当てて乾燥させた後に燻製する冬の風物詩（臘月は旧暦十二月のこと）、水分が抜け、油分が蠟《ろう》のように光って見えます。中華版ベーコン的食材で、刻んで炒め物に入れると、旨味が全体に回ります。「腊肉炒豆干《ラーローチャオドウガン》」（臘肉炒豆乾）は、これを押し豆腐（豆干《ドウガン》＝豆乾）と一緒に炒めたものです。

面食（麺食）はおなじみの「水饺」（水餃）、「蒸饺」（蒸餃）、「炸饺子」（揚げ餃子）、「锅贴」（鍋貼＝焼き餃子）に、「烧卖」（焼賣）、「馄饨」（餛飩、雲呑＝ワンタン、福建などでは扁食）、各種「包子」。東北菜の「盒子」「牛肉煎饼」（牛肉煎餅）は、肉や野菜の具がたっぷりで、ピロシキやミートパイ風。端午の節句に食べる「粽子」（ちまき）は、咸（鹹）が塩味、甜は甘味。ちまきの材料は基本的に餅米ですが、北京など寒い地域では黄色く粒の小さい餅粟を使うことも。

「凉皮」（涼皮）、「粉皮」は辛酸っぱいところてん風前菜。「粉丝」（粉絲）は春雨。「河粉」は広東の幅広米麺で、焼きそば風「牛肉炒河」が定番。「羊肉泡馍」（羊肉泡饃）は西安名物で、硬く焼きあげたパンを客が自分で小さく砕き、羊スープをかけて食べるもの。

「盖饭」（蓋飯）はご飯に料理を乗せた丼。「烩饭」（燴飯）は混ぜご飯です。「汤面」（湯麺）「炒面」（炒麺）のほか、「拌面」（拌麺）は汁なしあえ麺。よく混ぜて食べてください。

卵や豆の加工品は、「皮蛋」に「咸蛋」（鹹蛋＝塩漬け卵）、「茶叶蛋」（茶葉蛋）。蛋黄とは、卵の黄身だけを取り出してちまきや月餅の具にしたもの。油豆腐は油揚げ。腐皮は湯葉、腐竹はそれを細長く巻いたもの。面筋（麺筋）は小麦粉のグルテンで、前菜や精進料理で甘辛の煮物をよく見かけます。古くから専門店もある素食は、本来仏教寺院で出す精進料理でしたが、今ではベジタリアンやヴィーガンの御用達。イスラム教徒向けの清真菜（ハラール）は、異教徒にも人気。

水産物では、紫菜が海苔、海带（海帯）が昆布で、甲鱼（甲魚）、水鱼（水魚）、瑞鱼（瑞魚）はすっぽん。墨鱼（墨魚）はコウイカ、魷魚はスルメイカ。花枝、中巻・小巻はいずれも台湾料理に登場するイカの仲間。台湾の人はイカが好きですね。炸花枝丸はイカ団子の揚げ物。タコは台湾語でもタコというようですが、漢字表記は章鱼（章魚）または八瓜鱼（八瓜魚）。龙虾（龍蝦）はロブスター、小龙虾（小龍蝦）はザリガニ。前者は高級食材で、後者は庶民のおつまみ。焼売などに乗せられている蟹黄（蟹黄）は蟹味噌。大闸蟹（大閘蟹）とあれば、かの有名な上海蟹です。

魚は地域で呼び名が異なることも多く、マグロは中国で金枪鱼（金槍魚）、台湾で鮪鱼（鮪魚）、香港では英語の影響により吞拿鱼（吞拿魚）（トゥナフィッシュ）。サケも中国で大马哈鱼（大馬哈魚）、台湾で鮭鱼（鮭魚）、香港で三文鱼（三文魚＝サーモンフィッシュ）。

「ガチ中華」は調理法の種類も多様で、炒、蒸、煮、滷、炖（燉）、煎、炸、烧（焼＝揚げ煮）、焖（蒸煮）など。紅焼は通常醤油煮込みですが、地域によっては真っ赤な唐辛子煮込みの場合もあり、台湾には紅麹で豚肉を染めた唐揚げの紅焼肉も。重慶発で全国的に流行した水煮鱼（水煮魚）は、豆板醤や唐辛子を油で炒めたところに水を注いで具材を煮るので、穏やかそうな字面に惑わされないようご注意ください。烟（煙）や熏（燻）といえば本来は燻製のことですが、なぜか上海料理の前菜で定番の熏鱼《シュンユィ》（熏魚）は燻《いぶ》さず揚げてから味つけした南蛮漬け風。火锅《フオグオ》（火鍋）は鍋料理、砂锅《シャグオ》（砂鍋）は土鍋煮込み。烤《カオ》はオーブンあるいは釜焼き、烧烤《シャオカオ》（焼烤）ならばバーベキュー。手工《ショウゴン》とあったら手作りのこと。

主食やデザートに登場する穀物や豆類は、糯米《ヌオミー》（餅米）、粳米《ガンミー》（うるち米）に、小米《シャオミー》が粟、玉米《ユィミー》はトウモロコシで、薏米《イーミー》がハトムギ。シンガポールのレストランでは、ハトムギを煮た薏米水《イーミーシュイ》が料理屋のソフトドリンクメニューにありました。むくみを取り、お肌によいそうです。花生米《ホワションミー》はピーナッツ、松仁《ソンレン》は松の実、芝麻《ジーマー》がゴマ。莲子《リエンズ》（蓮子）は蓮の実。

料理を複数注文する際は、青菜の炒めもの（炒青菜《チャオチンツァイ》）を一品頼みます。油菜《ヨウツァイ》、菜心《ツァイシン》はアブラナ科の青菜。他に菠菜《ボーツァイ》（ほうれん草）、空心菜《コンシンツァイ》、生菜《ションツァイ》（レタス）。豆苗《ドウミャオ》は日本のものとは異なって、幅広の葉っぱに甘い豆の香り。圆白菜《ユエンバイツァイ》（圓白菜）または高丽菜《ガオリーツァイ》（高麗菜）、甘蓝《ガンラン》（甘藍）と言えばキャベツ。青菜炒めの味つけは、素炒め（清炒《チンチャオ》）、ニンニク味（蒜蓉《スワンロン》）、オイスターソース（蚝油《ハオヨウ》＝蠔油）などから選べます。

上海料理屋だと前菜に毛豆《マオドウ》（枝豆）をよく見かけます。ほかには定番の四季豆《スージードウ》（インゲン豆）に、雪豆《シュエドウ》または荷兰豆《ホーランドウ》（荷蘭豆＝オランダ豆）と呼ばれるさやえんどう、茄子《チエズ》も定番。健康ブームで人気のキノコは香菇《シャングー》（しいたけ）、杏鲍菇《シンバオグー》（杏鮑菇＝エリンギ）、金针菇《ジンジェングー》（金針菇＝えのきだけ）など、総称は菌类《ジュンレイ》（菌類）です。

芋類は山药《シャンヤオ》（山薬＝ヤマイモ）、芋头《ユィトウ》（芋頭＝タロイモ）、甘薯《ガンシュウ》・地瓜《ディーグワ》（サツマイモ）、土豆《トウドウ》・马铃薯《マリンシュウ》（馬鈴薯＝ジャガイモ）など各種あり、薯片《シュウピエン》はポテトチップスで、薯条《シュウティアオ》（薯條）がハンバーガーの友達フライドポテト、薯泥《シュウニー》はマッシュドポテト。

調味料、スパイス類は、酱《ジャン》（醬）がタレや味噌、蘸酱《ジャンジャン》（蘸醬）でつけだれ。芝麻酱《ジーマージャン》（芝麻醬）がゴマダレで、花生酱《ホワションジャン》（花生醬）はピーナッツソース。蕃茄酱《ファンチエジャン》（番茄醬）はトマトケチャップ。トマト味のソースは茄汁《チエジー》で、肉を炒めた茄汁肉片《チエジーローピエン》や魚を炒めた茄汁鱼片《チエジーユィピエン》（茄汁魚片）は家庭料理の定番。マヨネーズが台湾では音訳されて美乃滋《メイナイズ》となり、ゆでて冷やした筍（！）にかけるのが定番。中国での呼び名沙拉酱《シャラジャン》（沙拉醬）は、直訳するとサラダソースです。

朝食に飲む豆浆《ドウジャン》（豆漿）は豆乳。咸豆浆《シエンドウジャン》（鹹豆漿）はしょっぱい豆乳すなわちスープで、油条《ヨウティアオ》（油條＝軽い棒状揚げパン）が添えられることも。油条は細長いおにぎり（饭团《ファントゥアン》＝飯糰）の具にもなります。烧饼《シャオビン》（燒餅）、蛋饼《ダンビン》（蛋餅）など饼《ビン》の仲間は主食用小麦粉食品で基本円型。外来食品のサンドイッチは三明治《サンミンズ》、ハンバーガーは汉堡包《ハンバオバオ》（漢堡包）と当て字され、ミルクシェークを奶昔《ナイシー》と呼ぶのは、一文字目が牛乳の意味で、二文字目は音に当て字したもの。ヨーグルトは中国では酸奶《スワンナイ》ですが、台湾では优格《ヨウグー》（優格）。音訳で芝士《ジース》や起《チー》司《ス》、あるいは奶酪《ナイラオ》とあったら、チーズのこと。ところで、刺身は生鱼片《ションユィピエン》（生魚片）と訳されることも多いのですが、寿司はそのまま寿司(ショウス)（壽司）です（ガチ中華ではありませんが、今では各地で食べられています）。

以上のように、中国料理の名称は、ほとんどの場合、一つ一つの漢字、または二文字からなる熟語の意味がわかれば、全体を想像できる構造になっています。その中身は基本的に材料（例：肉＝豚肉）、切り方（例：絲＝せん切り）、料理法（例：清蒸）、味つけ（例：麻辣）。ほかに地名（例：北京）や人名（例：東坡）、見た目（例：水晶）、伝説（例：仏跳牆）なども入ってきます。外国料理の場合は、音訳と意訳を兼ねたものがよいとされます（例：漢堡包(ハンバオバオ)＝ハンブルグの肉まん＝ハンバーガー）。

というわけですから、中国料理店に行ったら、まずはメニューや壁に貼り出されたお薦め料理の品名をじっくり見て、おおよその見当がついたものを頼んでみましょう。そして好みの味のものに出会えたら、料理名を忘れずメモし、次は家で作り方動画を検索して、自分でも作ってみてはいかがでしょうか。

あとがき　中国語の口福

大学で中国語の授業をしていると、横道にそれたくて、それたくてたまらなくなる時があります。ここでそれたら、もう二度と戻って来られないかもしれない、と泣く泣くあきらめることが多いのですが。そうした時、頭にあるのは、たいていが食べ物をめぐる話題です。代表的なのが本書の巻頭に記した「青椒肉絲の絲」。これを最初から最後まで話してしまうと、授業予定が大幅に遅れてしまうので、いつもはしょることになりますが、その残念さ、無念さと言ったらありません。

それは決して、私自身が食いしん坊で食い意地がはっているからだけではないのです。中国語と中国料理の間には、切っても切れない関係がある。そこを学習者のみなさんに知っていただきたい。そしてできれば、もう一歩踏み込んで、中国語の口福（こうふく）を享受していただきたいのです。

ご存じのように、中国料理は世界三大料理の一つに数えられています。その理由はもちろん美味しいこと。そして、同じくらいに重要なのが、中国料理は「強い」ということなのです。その「強さ」と中国語の間には密接なつながりがあるように思えます。

世界中どこの国に行っても中国料理店がある。それはどこの土地の材料を使っても、中国料理を作ることが可能だからです。そもそも本場の中国自体、広大な国土の中に、熱帯から寒帯まで、ジャングルから砂漠まで、多様な自然環境を有していながら、どこの土地であっても、中華鍋と中華包丁、数段の蒸籠を備えた厨房で、日夜中国料理が作られ、食べられています。中国料理の「強さ」をしみじみと感じるゆえんです。

本書でご紹介したように、中国料理の世界では、そもそも食材となる範囲が大変広いことに加え、材料の切り方が、大きさと形状の両面から、末、絲、条、丁、片、塊など厳密に定められています。加熱方法についても、煮、蒸、炒、炸（揚げる）、烤（オーブンや釜で焼く）、焼（揚げてから煮る）等、一つ一つ対応する漢字が決まっています。二段階加熱の場合には、回鍋（ゆでた具材を炒める）や乾焼（揚げてから水分が蒸発するまで煮る）など、文字を組み合わせた熟語が当てられます。味つけも基本の酸甜苦辣（スワンティエンクーラー）に加え、酸辣、麻辣、糖醋（タンツウ）（酸甜）など混合調味料の合わせ方と名称が定まっていて、さらに食感を示す脆（ツイ）、酥（スー）、滑（ホワ）などの文字を通じ、概念と味覚、頭と舌が結びつく構造が作り上げられているのです。

国境を越えて広がる中国語圏の各地で、中国料理店は漢字で書かれた看板を掲げ、漢字で書かれたメニューを用意しています。そこに記された四文字程度の料理名を見れば、出てくる料理がどのようなものか、おおよそ想像することが可能です。そうした中国料理の中には、ボルネオの市場の片隅で食べる麵のようにシンプルでありながら忘れられない味もあれば、パリ十三区のチャイナタウンでいつも行列のできている店が出す驚くほど本格的な広東料理の数々もあります。

私は大学に入った年にたまたま中国語と出逢い、以来中国語のある人生を送ってきました。中国語のある人生は、自然と中国料理のある人生になります。中国で食べ、各地のチャイナタウンで味わい、そのうち自宅でも日常的に作って食べるようになりました。

中国語のレシピを解読していた長い月日ののちに、ある日動画で見られるようになって目から鱗が落ちる思いをしました。それは、プロの料理人はともかく、見るからに農村部の若いお母さんらしい人たちによる動画であっても、料理のプロセスを驚くほど理路整然と説明することができていたからです。なぜ？　なぜ？　と考えてみたところ、どうやら、そもそも中国料理というものが合理的に構成されているため、考える力を持つ人であれば、ごく自然と一つ一つの作業が全体の出来上がりにいかに寄与するかを説明できる、ということのようなのです。

中国料理の解説にあいまい、感覚的な表現はほとんど出てきません。献立(こんだて)をたて、調理するに当たっては、入手可能な食材を出発点として、前掲したさまざまな切り方、加熱方法、味つけなどを、まるでパズルかレゴブロックを組み立てるように、選び、構成して、出来上がりに向けて進んでいきます。つまり、中国料理の本質がパズルであるために、一つのパーツを取り替えることで無限にバリエーションを広げることが可能になるのです。逆に言うと、一つのパーツが不足していたところで、根本的な問題は生じません。中国料理の「強さ」の秘密は、このあたりに隠されているのかもしれません。

なお、このパズル感は、中国語で文を作ったり、文章を読む時に感じるわくわく感と同質のものでもあります。世界各地で十億以上の人々が話す中国語は、シンプルでありつつ明快に意味を伝えるため、パズルのように単語を並べていくのです。この点については、拙著『中国語は楽しい』(ちくま新書)をご参照ください。

地理的、歴史的に中国文明圏の周縁に位置してきた日本の人々にとって、中国料理は親近感を覚えると同時に、ときとして激しいカルチャーショックを感じる対象でもあるかと思います。幸い味覚のカルチャーショックは日々の暮らしをより彩り豊かにしてくれるものです。みなさんも、もう一歩、中国料理の世界に踏み込んで、これまで経験したことのない口福を享受してみてはいかがでしょう。

最後になりましたが、本書の編集を担当していただいた筑摩書房の河内卓さんに感謝します。『台湾物語』に始まった河内さんとの合作は本書で四点めになりました。また、拙訳『オールド台湾食卓記――祖母、母、私の行きつけの店』（洪愛珠著）に引き続き装丁をお願いした惣田紗希さん、素敵なイラストをお描きいただいたせいのちさとさん、本書の完成に力を貸していただいたすべてのみなさんに心よりお礼申し上げます。どうもありがとうございました。

二〇二三年猛暑の八月に

新井一二三

新井一二三（あらい・ひふみ）

東京生まれ。明治大学理工学部教授。早稲田大学政治経済学部卒業。中文コラムニストとして、北京、上海、広州、台湾、香港の新聞や雑誌に連載を持つ。日本語著書に『中国語は楽しい』（ちくま新書）、『台湾物語』（筑摩選書）など、中国語著書に『東京散歩』（台北、大田出版）、『再見、平成時代』（上海訳文出版社）など多数。訳書に、洪愛珠『オールド台湾食卓記』（筑摩書房）、蔡瀾『人生の味わい方、打ち明けよう』（KADOKAWA）がある。

青椒肉絲（チンジャオロース）の絲（ス）、麻婆豆腐（マーボードウフ）の麻（マ）
中国語（ちゅうごくご）の口福（こうふく）

二〇二三年十月三十日　初版第一刷発行

著者　新井一二三
発行者　喜入冬子
発行所　株式会社　筑摩書房
一一一‐八七五五　東京都台東区蔵前二‐五‐三
電話番号　〇三‐五六八七‐二六〇一（代表）
装画・挿画　せいのちさと
装丁　惣田紗希
印刷・製本　三松堂印刷株式会社

ISBN 978-4-480-87917-2 C0095